Ratgeber Lebensende, Sterben und Tod

Ratgeber zur Reihe Fortschritte der Psychotherapie
Band 37

Ratgeber Lebensende, Sterben und Tod

von Dr. Dr. Manuel Trachsel und Prof. Dr. Alexander Noyon

Manuel Trachsel
Alexander Noyon

Ratgeber Lebensende, Sterben und Tod

Informationen für Betroffene und Angehörige

hogrefe

Dr. med. Dr. phil. Manuel Trachsel, geb. 1982. Studium der Medizin, Psychologie und Philosophie in Bern. 2011 Psychologische Dissertation. 2014 Medizinische Dissertation. Seit 2014 Oberassistent am Institut für Biomedizinische Ethik und Medizingeschichte der Universität Zürich. Tätigkeit als Dozent für Medizinethik und Psychotherapie an verschiedenen Kliniken, Aus- und Weiterbildungsinstitutionen. Forschungsschwerpunkte: Ethik und Philosophie der Psychiatrie und Psychotherapie, Schnittbereich zwischen Psychiatrie und Palliative Care, Einwilligungsfähigkeit, Informierte Einwilligung und Zwangsmaßnahmen.

Prof. Dr. phil. Alexander Noyon, geb. 1968. 1989–1994 Studium der Psychologie in Saarbrücken. 1994–1997 Tätigkeit in psychiatrischen und neurologischen Kliniken, 1997–2007 Wissenschaftlicher Mitarbeiter bzw. Assistent am Psychologischen Institut der Universität Frankfurt und von 2006–2007 dort Leiter der Verhaltenstherapie-Ambulanz. 2002 Promotion. Seit 2000 Tätigkeit als niedergelassener Psychotherapeut in eigener Praxis in Frankfurt. Seit 2007 Professur für Psychologie in der Sozialen Arbeit an der Hochschule Mannheim und dort seit 2011 Leiter des „Bedrohungs- und Konfliktmanagement" (BEKOM). Tätigkeit als Dozent und Supervisor für Verhaltenstherapie und Logotherapie an unterschiedlichen Aus- und Weiterbildungsinstituten.

Bibliografische Information der Deutschen Nationalbibliothek

Die Deutsche Nationalbibliothek verzeichnet diese Publikation in der Deutschen Nationalbibliografie; detaillierte bibliografische Daten sind im Internet über http://dnb.dnb.de abrufbar.

Hogrefe Verlag GmbH & Co. KG
Merkelstraße 3
37085 Göttingen
Deutschland
Tel. +49 551 999 50 0
Fax +49 551 999 50 111
verlag@hogrefe.de
www.hogrefe.de

Umschlagabbildung: © pressmaster – Fotolia.com
Satz: Mediengestaltung Meike Cichos, Göttingen
Druck: Media-Print Informationstechnologie GmbH, Paderborn
Printed in Germany
Auf säurefreiem Papier gedruckt

1. Auflage 2017

(E-Book-ISBN [PDF] 978-3-8409-2784-3; E-Book-ISBN [EPUB] 978-3-8444-2784-4)
ISBN 978-3-8017-2784-0
http://doi.org/10.1026/02784-000

Inhalt

Vorwort 7

1 Lebensende, Sterben und Tod – Was man sich darunter vorstellen kann 8

1.1 Was man sich unter dem Tod vorstellen kann 8
1.2 Was passiert kurz vor dem Tod? 9
1.3 Was sind die häufigsten Todesursachen? 10
1.4 Wo verbringen Menschen ihre letzten Stunden? 11
1.5 Lebenserwartung und demografischer Wandel 11
1.6 Was man sich unter dem Sterben vorstellen kann 11
1.7 Gibt es Nahtoderfahrungen? 12
1.8 Was ist Sterbehilfe? 13
1.9 Was ist assistierter Suizid? 14
1.10 Phasen des Sterbens 15

2 Was Personen am Lebensende und ihre Angehörigen belasten kann 16

2.1 Körperliche Belastungen am Lebensende 17
2.2 Psychische Belastungen am Lebensende 21

3 Existenzielle Themen am Lebensende 27

3.1 Beschäftigung mit dem Tod, der Endlichkeit und der verbleibenden Zeit 27
3.2 Isolation 29
3.3 Sinnlosigkeit 29
3.4 Freiheit und Autonomie 31

4 Was am Lebensende helfen kann 34

4.1 Das „gute“ Sterben 34
4.2 Würde 35
4.3 Selbstbestimmung 36
4.4 Zwischenmenschliche Beziehungen und Selbsthilfegruppen 36
4.5 Religiosität, Spiritualität und Spiritual Care 38
4.6 Palliative Care 40

5 Die Macht philosophischer Gedanken . . . 45

6 Was Angehörige tun können . . . 53
6.1 Das Lebensende benennen . . . 54
6.2 Keine Bagatellisierung und keine Übertreibung . . . 54
6.3 Sich dem sterbenden Menschen widmen und für ihn da sein . . 56
6.4 Letzte Wünsche und unabgeschlossene Themen besprechen . . 58
6.5 Lebensrückblick . . . 59
6.6 Die organisatorische Seite des Todes . . . 61
6.7 Auf den Ausdruck von Hoffnung eingehen . . . 62
6.8 Auf Sterbewünsche eingehen . . . 63
6.9 Der Umgang mit Kindern von Sterbenden . . . 64
6.10 Der schlimmstmögliche Fall: Wenn Kinder sterben . . . 66

7 Patientenverfügung und Vorausplanung . . . 70

8 Fazit . . . 73

Anhang . . . 74
Zitierte Literatur . . . 74
Literatur für Menschen am Lebensende . . . 77
Literatur für Angehörige . . . 77

Vorwort

Die Begriffe „Lebensende“, „Sterben“ und „Tod“ lösen bei den meisten Menschen starke Gefühle aus. Bei den einen kommen Erinnerungen an verstorbene Angehörige auf, bei anderen kommt es zu klaren Befürchtungen oder diffusen Ängsten. Die einen beschäftigen sich aktiv und engagiert mit den Themen Sterben und Tod, und andere halten es fast nicht aus, an das eigene Lebensende zu denken, das früher oder später unweigerlich kommen wird.

Sich mit dem Tod beschäftigen ist, wie in die Sonne zu schauen. Wir können nicht lange direkt in die Sonne schauen; irgendwann schmerzt es zu stark. Genauso können wir uns nicht dauerhaft mit dem eigenen Tod oder mit dem Tod von Angehörigen befassen. Dennoch: Hinsehen ist besser als Wegschauen, und wir sind überzeugt, dass die Auseinandersetzung mit den Themen Lebensende, Sterben und Tod – so belastend sie mitunter auch sein kann – das Leben sogar bereichern kann. Mit den in diesem Buch zusammengetragenen Gedanken möchten wir all jenen eine Hilfestellung bieten, die sich aus beruflichen oder persönlichen Gründen mit der Sterblichkeit befassen.

Zürich und Mannheim, im Oktober 2016 *M. Trachsel* und *A. Noyon*

1 Lebensende, Sterben und Tod – Was man sich darunter vorstellen kann

„Media vita in morte sumus" – Inmitten des Lebens sind wir vom Tod umgeben."

In diesem Buch wird von Lebensende gesprochen, wenn die verbleibende Lebenszeit von Menschen jeden Alters aller Voraussicht nach nur noch kurz ist. Aufgrund bestimmter Umstände wie hohem Alter oder schwerer Erkrankung wird der Eintritt des Todes wahrscheinlicher. Zeitlich lässt sich die Phase des Lebensendes jedoch nicht genauer bestimmen. Sie kann von einem kurzen Moment bis zu einigen Monaten reichen.

Heute werden Menschen beim Sterben zunehmend professionell begleitet. Dabei leisten unter anderem Psychologen, Ärzte und Pflegende direkte Beiträge. Palliative Care und Psychoonkologie haben sich in letzter Zeit international enorm entwickelt und so zu den Inhalten beigetragen, die in diesem Buch beschrieben werden.

1.1 Was man sich unter dem Tod vorstellen kann

Es gibt nicht nur „einen" Tod. Damit wir wissen, wovon wir sprechen ist es nützlich, die verschiedenen Begriffe Hirntod, klinischer Tod oder Organtod voneinander zu unterscheiden.

Begriffsklärung: Organtod, klinischer Tod, Hirntod

Der Begriff *Organtod* bezeichnet den biologischen Zustand nach dem Sterben, in dem die Organe eines Menschen ihre Funktion für immer verloren haben. Einzelne Organe oder Gewebe können ihre Funktion jedoch bereits vollständig verlieren, ohne dass der ganze Mensch dabei stirbt.

Als *klinisch tot* gilt ein Mensch, wenn keine Atmung, kein Herzschlag und kein Kreislauf mehr vorhanden sind und wenn die Pupillen der Augen nicht mehr auf Licht reagieren. Während einiger Minuten ist in dieser Situation grundsätzlich eine Wiederbelebung möglich. Nach einigen Minuten ohne Kreislauf sind die körperlichen Schäden jedoch zu groß und der *Hirntod* tritt ein.

Obwohl es möglich ist, den Blutkreislauf und die Sauerstoffversorgung des Blutes mithilfe der Intensivmedizin über längere Zeit künstlich aufrechtzuerhalten, können die Funktionen des Gehirns dabei bereits vollständig erloschen sein. In diesem Fall spricht man vom Hirntod. Rechtlich gilt der Hirntod als Voraussetzung für Organentnahmen zur Organspende.

Das Sterben als Übergangsphase vom Leben zum Tod stellt noch einen Teil des Lebens dar. Dabei ist ein Mensch üblicherweise auch nicht von einer Sekunde zur nächsten tot. Die verschiedenen Organe des menschlichen Körpers haben einen unterschiedlichen Sauerstoffbedarf und „sterben" deshalb zu unterschiedlichen Zeitpunkten. Auf der Todesbescheinigung, die immer ein Arzt ausstellen muss, gilt offiziell der Zeitpunkt, an dem die Herzaktion stoppt oder lebenserhaltende Geräte abgestellt werden, als Todeszeitpunkt. Dadurch wird aus rechtlicher Sicht eine künstliche Grenze gezogen. Die sichere Feststellung des Todes gilt als letzter Dienst des Arztes am Patienten.

Dabei ist der Arzt verpflichtet, plötzliche, unerwartete oder andere unklare Todesfälle den zuständigen Strafverfolgungsbehörden zu melden.

1.2 Was passiert kurz vor dem Tod?

Die Prozesse, die während der letzten Tage vor dem Tod ablaufen, stellen für einen Menschen und dessen Angehörige eine zentrale Lebensphase dar. Was in diesen Tagen geschieht, hinterlässt bei allen Beteiligten positive und/ oder negative Spuren.

Beim sterbenden Menschen werden meistens Veränderungen sichtbar, die darauf hinweisen, dass er wahrscheinlich nur noch Stunden oder Tage leben wird. Diese Veränderungen sind aber alle nur Hinweise und keine sicheren Zeichen. Der Bewusstseinszustand einer Person ändert sich von abnehmender Kontaktfähigkeit bis hin zum Bewusstseinsverlust.

Erfahrene Fachpersonen in der Betreuung Sterbender entwickeln ein Bauchgefühl für den nahenden Tod und können oft nicht genau beschreiben, welche Körperveränderungen bei ihnen dieses Bauchgefühl auslösen.

Hinweis: Sichtbare Veränderungen vor dem Tod

Energie, Kraft, Flüssigkeits- und Nahrungsbedarf nehmen kontinuierlich ab, das Schlafbedürfnis nimmt zu und die Atmungs- und Bewegungsmuster verändern sich. Es kommt zu unregelmäßigem Atmen, Atempausen, Rassel-Atmung, fehlenden Schluckreflexen, zu Fehlhaltungen und Fehllagen, die Schmerzen verursachen können. Zudem können Veränderungen des Körpergeruchs, der Mimik oder der Haut auftreten, beispielsweise fahle, blasse Haut, eingefallene Augen und Wangen, eine spitze Nase oder ein hervorgeschobener Unterkiefer.

1.3 Was sind die häufigsten Todesursachen?

Weltweit sind gemäß Weltgesundheitsorganisation (WHO, 2012) Herzinfarkte und Schlaganfälle (Hirnschläge) die häufigsten Todesursachen und machen ungefähr ein Viertel der Todesfälle aus. In Deutschland, Österreich, der Schweiz und in den meisten anderen europäischen Ländern folgen als häufigste Todesursachen Krebserkrankungen (v. a. Lungenkrebs), verschiedene Demenzformen (z. B. Alzheimer-Demenz), Lungenentzündungen und chronische Lungenerkrankungen sowie die Zuckerkrankheit (Diabetes mellitus). Weltweit gehören jedoch auch Durchfallerkrankungen, HIV/AIDS, Verkehrsunfälle und Frühgeburtlichkeit zu den zehn häufigsten Todesursachen.

Wie häufig ist Suizid als Todesursache? 2013 betrug die Suizidrate in Deutschland ungefähr ein Promille (12.5 Suizide pro 100.000 Personen pro Jahr; Statistisches Bundesamt, 2013). Suizid gehört damit über alle Altersklassen gesehen knapp nicht zu den zehn häufigsten Todesursachen. Für die Altersklasse der 15- bis 30-Jährigen sieht das Bild jedoch anders aus: Dort sind Suizide nach Unfällen die zweithäufigste Todesursache. Ungefähr drei Viertel der Suizidenten sind Männer. Die Gesamtzahl der Suizide ging von 1980 bis 2007 kontinuierlich zurück und stieg seither wieder leicht an. Die Suizidraten in Österreich und der Schweiz lagen in den letzten Jahren leicht höher als in Deutschland.

1.4 Wo verbringen Menschen ihre letzten Stunden?

Jährlich sterben in Deutschland ungefähr 850.000 Menschen. Etwa die Hälfte davon stirbt in einem Krankenhaus und 20 Prozent in Heimen. Die restlichen 30 Prozent sterben zu Hause oder an einem anderen Ort. Im Kontrast dazu wünschen sich ungefähr zwei Drittel der Menschen, zu Hause sterben zu können. Allerdings weisen Umfrageergebnisse darauf hin, dass Personen im Allgemeinen nur dann zu Hause sterben wollen, wenn eine genügende Pflege und Versorgung gewährleistet ist.

1.5 Lebenserwartung und demografischer Wandel

Ein Mensch, der im Jahr 1820 geboren wurde, hatte eine Lebenserwartung von 33 Jahren. Wer heute in Westeuropa zur Welt kommt, hat beste Chancen, 80 Jahre alt zu werden. Die OECD schreibt die gute Verdoppelung der Lebenserwartung innerhalb von 200 Jahren dem materiellen Wohlstand und den Fortschritten im Gesundheitswesen zu. Hierbei waren vor allem Hygiene, Ernährung, Operationstechniken, Medikamente und Krankenpflege relevante Faktoren.

Über 60 Prozent der Personen sterben laut des Deutschen Statistischen Bundesamtes in der Zeit nach ihrem 80. Lebensjahr („Hochbetagte"). Nur ungefähr drei Prozent der Menschen in Deutschland sterben zwischen dem 60. und 80. Lebensjahr. Die Anzahl Hochbetagter steigt derzeit immer noch kontinuierlich an. Das Deutsche Statistische Bundesamt schätzt, dass sich in Deutschland die Anzahl der Menschen über 85 Jahren bis zum Jahr 2050 im Vergleich zu heute ungefähr verdoppeln wird.

1.6 Was man sich unter dem Sterben vorstellen kann

Das Sterben ist Teil des Lebens und bezeichnet die letzte Phase vor dem Tod. Diese Phase kann beispielsweise bei einem plötzlichen Herzstillstand oder bei einer Schussverletzung sehr kurz sein. Häufig dauert die Phase des Sterbens jedoch viel länger. Die Sterbephase beginnt meistens aufgrund einer Krankheit mit einer Funktionseinschränkung eines oder mehrerer lebenswichtiger Organe. Bei Sterbenden im Krankenhaus wird meistens erst in den letzten vier bis sieben Tagen vor dem Tod von der Sterbephase gesprochen.

Bei Hochbetagten ist es jedoch oft keine schwere Erkrankung, die das Sterben einleitet, sondern eine vergleichsweise geringfügige Erkrankung. Da Hochbetagte meistens unter mehreren typischen Alterserkrankungen gleichzeitig leiden, kann mitunter schon eine zusätzliche Erkrankung genügen, um eines oder mehrere lebenswichtige Organsysteme substanziell zu schwächen. Das Körpersystem wird dann möglicherweise so weit aus dem empfindlichen Gleichgewicht gebracht, dass eine Erholung nicht mehr gelingt.

1.7 Gibt es Nahtoderfahrungen?

In der deutschen Allgemeinbevölkerung berichten drei Prozent von sogenannten Nahtoderfahrungen. Bei Personen nach Kreislaufstillstand sind es zwölf Prozent und bei Personen nach einem Koma 30 Prozent (van Lommel, 2011). Dieses Phänomen wurde früher meist als unwissenschaftlich abgetan. Dies hat sich in den letzten Jahren geändert, und die Berichte von Menschen, die eine Zeit lang klinisch tot waren, werden als sachlich korrekt gewertet und wissenschaftlich untersucht. Dabei wird die Aktivierung in tieferen Hirnstrukturen (z. B. Mittelhirn) mit diesen Phänomenen in Zusammenhang gebracht. Zu den Erlebnisinhalten gehören folgende Erfahrungen:

Erlebnisinhalte von Nahtoderfahrungen

- *Außerkörperliche Erfahrungen:* Das Gefühl, sich über oder neben dem eigenen Körper zu befinden und zu beobachten, was mit dem Körper geschieht, wird beschrieben. Ein großer Teil dieser Beobachtungen entspricht tatsächlich dem realen Geschehen.
- *Lebensrückblick:* Das eigene Leben zieht in Bildern teilweise als Zusammentreffen mit wichtigen Bezugspersonen vorbei.
- *Begegnungen mit verstorbenen Bezugspersonen:* Personen werden erkannt und es findet eine Kommunikation in Form von „Gedankenübertragung“ mit ihnen statt, ohne dass gesprochen wird.
- *Glücksgefühle:* Für viele Menschen sind starke Gefühle von Schmerzfreiheit, Frieden und Glück der bemerkenswerteste Teil ihrer Erfahrung.

- *Licht- oder Tunnel-Erfahrungen:* Bei ca. der Hälfte der Betroffenen kommt es zur bildlichen Erfahrung eines dunklen Tunnels oft mit einem hellen Licht am Ende bzw. zu einer Wahrnehmung von grellem weißem Licht, das teilweise als Gottesbegegnung interpretiert wird.
- *Bewusste Rückkehr:* Betroffene berichten einerseits von Wiederbelebungsversuchen, andererseits von eigenen Entscheidungen zur Rückkehr.

1.8 Was ist Sterbehilfe?

Begriffsklärung: Aktive und indirekte Sterbehilfe

Aktive (direkt-aktive) Sterbehilfe ist definiert als gezielte Tötung einer anderen Person zur Verkürzung ihres Leidens. Ein Arzt oder eine andere Drittperson verabreicht jemandem gezielt eine Substanz, die direkt zum Tod führt.

Indirekte (indirekt-aktive) Sterbehilfe bezeichnet den Einsatz von Medikamenten, die zwar Linderung von Leiden als primäres Ziel haben, die als Nebenwirkung theoretisch jedoch die Lebensdauer herabsetzen können. Der möglicherweise früher eintretende Tod wird dabei in Kauf genommen.

Dieser Unterschied mag zwar auf den ersten Blick etwas künstlich erscheinen, doch bildet er in Deutschland, Österreich und der Schweiz die Grenze zwischen dem Verhalten, das erlaubt, und den Handlungen, die strafrechtlich verboten sind. Aktive (direkt-aktive) Sterbehilfe ist verboten. Indirekte (indirekt-aktive) Sterbehilfe ist in Österreich und der Schweiz gesetzlich zwar nicht ausdrücklich geregelt, wird jedoch toleriert. In Deutschland ist die indirekte (indirekt-aktive) Sterbehilfe unter der Bedingung erlaubt, dass eine Willensbekundung der betroffenen Person oder eine gültige Patientenverfügung vorliegt.

Begriffsklärung: Passive Sterbehilfe

Als *passive* Sterbehilfe gilt der Verzicht auf eine lebenserhaltende Maßnahme oder der Abbruch einer solchen.

Eine lebenserhaltende Maßnahme kann beispielsweise ein Sauerstoffgerät sein, ohne dessen Hilfe ein Patient versterben würde. Diese Form der Sterbehilfe ist in Deutschland und Österreich ebenfalls legal, sofern wie bei der indirekten (indirekt-aktiven) Sterbehilfe eine Willensäußerung der betroffenen Person oder eine gültige Patientenverfügung vorliegt. Für die Schweiz gilt diese Einschränkung nicht.

Begriffsklärung: Terminale Sedierung

Die *terminale Sedierung* stellt keine Form der Sterbehilfe dar, da sie die Sterbephase nicht verkürzt. Terminale Sedierung ist das letzte Mittel, das zur Leidensminderung zur Verfügung steht. Darunter ist eine Verabreichung von Medikamenten zur Bewusstseinsdämpfung gemeint, damit die Zeit bis zum Eintritt des Todes durch die Linderung belastender Symptome annehmbarer und erträglicher wird. Das Bewusstsein wird so weit gedämpft, bis ein narkoseähnlicher Zustand eintritt.

Heute stellen sich viele Ärzte, Ethiker, aber auch Patienten auf den Standpunkt, dass der Einsatz von terminaler Sedierung moralisch gerechtfertigt ist, wenn Angst, Depression und existenzielles Leiden mit bewusstseinserhaltenden Methoden nicht mehr kontrolliert werden können. Diese Haltung ist aber umstritten.

1.9 Was ist assistierter Suizid?

Begriffsklärung: Assistierter Suizid

Beim assistierten Suizid oder der Beihilfe zum Suizid wird einer Person eine tödliche Substanz bereitgestellt. Die Substanz wird ohne Einwirkung einer Drittperson selbstständig eingenommen.

Diese Form der Sterbehilfe ist in Deutschland und in der Schweiz dann erlaubt, wenn die betreffende Person zum Zeitpunkt der Einnahme einwilligungsfähig resp. urteilsfähig ist, wenn die unterstützende Person nicht durch selbstsüchtige Motive geleitet wird (Schweiz) und nicht geschäftsmäßig handelt (Deutschland).[1] In Österreich ist der assistierte Suizid strafbar.

1 Diese neue Rechtslage in Deutschland gilt seit dem 06.11.2015.

1.10 Phasen des Sterbens

Zum ersten Mal wurden die psychologischen Prozesse beim Sterben von Elisabeth Kübler-Ross (1969) beschrieben. Sie wurde mit ihrem Modell der *Sterbephasen* sehr bekannt, das sie nach offenen Interviews mit Sterbenden beschrieben hatte.

Sterbephasen nach Kübler-Ross (1969)

- *Nicht-Wahrhaben-Wollen* mit Aussagen wie „Ich doch nicht. Das kann gar nicht sein!".
- *Zorn* mit Aussagen wie „Das ist nicht fair", „Das kann auf keinen Fall sein".
- *Verhandeln:* „Ich mache alles, um noch ein paar Monate länger zu leben", oder „Ich werde meinen Lebensstil sofort ändern."
- *Depression:* Hilf- und Hoffnungslosigkeit dominiert. Rückzugsverhalten bildet sich aus.
- *Zustimmung:* Sich mit dem eigenen Tod abfinden und mit sich selbst ins Reine kommen.

Heute wissen wir, dass diese möglichen Sterbephasen nicht streng aufeinander folgen, sondern je nach Person unterschiedlich verlaufen.

2 Was Personen am Lebensende und ihre Angehörigen belasten kann

Für die meisten von uns sind andere Menschen das Wichtigste im Leben. Wir definieren uns vielfach über unsere Beziehungen und verbringen den größten Teil unserer bewussten Zeit im Kontakt mit nahestehenden Personen. Der Partner, die Eltern, die Kinder, Freunde, Arbeitskollegen – praktisch jeder von uns befindet sich mitten in einem Netz von Personen, die unser Leben ausmachen. Das Sterben einer Person wird sich unweigerlich mehr oder weniger schwerwiegend auf alle anderen verbundenen Personen auswirken – in der Regel natürlich umso schwerer, je näher eine Person dem sterbenden Menschen steht.

Hinweis:

Die Sterbenden selbst leiden dabei häufig nicht nur unter dem bevorstehenden Ende ihres Lebens, sondern auch darunter, dass sie mit ihrem Tod ihren Angehörigen Schmerzen bereiten werden.

Stark zum Ausdruck gebracht hat dies die Dichterin Mascha Kaléko in ihrem Gedicht „Momento“[2]:

Vor meinem eignen Tod ist mir nicht bang,
Nur vor dem Tode derer, die mir nah sind.
Wie soll ich leben, wenn sie nicht mehr da sind?

Allein im Nebel tast ich todentlang
Und laß mich willig in das Dunkel treiben.
Das Gehen schmerzt nicht halb so wie das Bleiben.

Der weiß es wohl, dem gleiches widerfuhr;
– Und die es trugen, mögen mir vergeben.
Bedenkt: den eignen Tod, den stirbt man nur,
Doch mit dem Tod der andern muß man leben.

2 Mascha Kaléko: Sämtliche Werke und Briefe in vier Bänden. Herausgegeben von Jutta Rosenkranz. © 2012 dtv Verlagsgesellschaft, München. Abdruck erfolgt mit freundlicher Genehmigung.

In der weitaus größten Zahl der Todesfälle bleibt den Sterbenden und ihren Angehörigen zumindest eine gewisse Zeit, um sich auf den Tod vorzubereiten. Chronische und unheilbare Erkrankungen stellen mit Abstand die häufigsten Todesursachen dar. 65 Prozent der Personen zwischen 65 und 84 Jahren leiden an zwei oder mehr Erkrankungen; 82 Prozent der über 85-Jährigen leiden sogar an drei oder mehr Erkrankungen. Lediglich fünf Prozent der Todesfälle ereignen sich plötzlich und unerwartet aus voller Gesundheit heraus. Die Kombination verschiedener Erkrankungen kann am Lebensende sowohl aufgrund körperlicher als auch psychischer Faktoren für alle Beteiligten sehr belastend sein.

Zu den häufigsten körperlichen und psychischen Belastungsfaktoren am Lebensende gehören Schmerzen, Appetitlosigkeit, Erschöpfung/Müdigkeit, Schlaflosigkeit, Übelkeit und Erbrechen, Atemnot, Verstopfung, Ängste und Depressivität.

2.1 Körperliche Belastungen am Lebensende

Schmerz

> **Hinweis:**
> Schmerz hat nicht nur eine körperliche, sondern auch eine psychische und soziale Komponente. Es besteht ein klar nachgewiesener Zusammenhang zwischen Angst, Unsicherheit und Schmerzstärke.

Schmerz ist eine private innere Erfahrung und kann nur von derjenigen Person beschrieben werden, die ihn auch tatsächlich erlebt. Chronische Schmerzen wirken sich besonders stark auf das psychische Wohlbefinden aus, da diese im Gehirn zu Veränderungen führen, die wie in einem Teufelskreis wiederum die Schmerzen beeinflussen.

Folgende Reaktionen sind bei anhaltenden Schmerzen typisch: Konzentrationsstörungen, Verstimmung, Anspannung, Antriebsminderung, Leistungsminderung, Reizbarkeit und Schlafprobleme.

Hinweis: Chronische Schmerzen

Bei chronischen Schmerzen kann es zu einer depressiven Entwicklung kommen. Die Menschen kommen auch hier in einen Teufelskreis, da chronische Schmerzen Depressivität fördern und Depressivität ihrerseits die Schmerzwahrnehmung verstärkt.

Kommen soziale Belastungen wie Arbeitslosigkeit oder Beziehungsprobleme hinzu, kann dies zu einer weiteren Schmerzzunahme führen. Generell sind chronische Schmerzen bei über 85-jährigen pflegebedürftigen Personen mit ungefähr 60 bis 80 Prozent die häufigsten gesundheitlichen Beschwerden.

Bei fortgeschrittenen Erkrankungen und bei Sterbenden ist Schmerz eines der häufigsten Symptome. Die meisten Krebspatienten haben unbefriedigend behandelte Schmerzen und die Häufigkeit der Schmerzen nimmt zu, je weiter eine Krebserkrankung fortschreitet. Bei der Aufnahme von Menschen mit fortgeschrittenen Krebserkrankungen in palliativ-medizinische Einrichtungen sind Schmerzen bei über 70 Prozent der Personen ein Problem. Dieser hohe Prozentsatz müsste eigentlich nicht sein. Denn wenn Schmerzen immer konsequent nach den gut untersuchten Prinzipien der Weltgesundheitsorganisation behandelt würden, können diese bei 90 Prozent der Personen auf ein erträgliches Maß reduziert werden.

Erschöpfung und Müdigkeit

Die meisten denken, dass Schmerz von den Betroffenen am Lebensende als das schlimmste Problem für das tägliche Leben wahrgenommen wird. Dies trifft jedoch nicht zu.

Hinweis:

Bei vielen Menschen am Lebensende sind nicht Schmerzen das größte Problem, sondern Schwäche, Erschöpfung und Müdigkeit. Bei der Erschöpfung am Lebensende handelt es sich nicht um normale Müdigkeit, die wir alle gut kennen, sondern um einen Zustand, der eher als tiefgreifende und lähmende Kraftlosigkeit und Schwäche wahrgenommen wird.

Es handelt sich dabei um eine auch „Fatigue“ genannte ungewöhnliche, intensive und langdauernde, den ganzen Körper erfassende Müdigkeit, die nicht in einem direkten Verhältnis steht zu Aktivität und Anstrengung. Diese Form von Erschöpfung lässt sich durch genügend Ruhe und Schlaf nicht mehr beheben. Diese besondere Form der Erschöpfung ist verbunden mit Konzentrationsmangel sowie häufig mit Lustlosigkeit. Sie kommt besonders bei Krebspatienten, bei Personen mit Lungenerkrankungen, Herz-Kreislauferkrankungen oder Leber- und Nierenerkrankungen vor. Im Gegensatz zu anderen belastenden Symptomen, die oft medizinisch gelindert werden können, lässt sich diese Form der Erschöpfung häufig nicht genügend verbessern, was für viele Menschen nur schwer zu ertragen ist und die Lebensqualität stark einschränken kann.

Atemnot

Hinweis:

Atemnot ist der gefühlte Zustand, zu wenig Luft zu bekommen. Für die meisten Menschen ist Atemnot schwieriger zu ertragen als Schmerzen. Atemnot am Lebensende wird als bedrohlich empfunden und kann starke Ängste auslösen, nicht nur bei den betroffenen Personen selbst, sondern auch bei Angehörigen.

Borasio schreibt, dass das Atmen der einzige lebenswichtige Vorgang unseres Körpers ist, der sowohl mit dem Willen gesteuert als auch automatisch ablaufen kann (2011). Der Atem steht somit an der Schnittstelle zwischen unbewussten und bewusst wahrgenommenen Funktionen des Körpers. „Es ist vor diesem Hintergrund vielleicht nicht verwunderlich, dass die Atemnot das Symptom ist, das die schwersten existentiellen Ängste auslöst“ (Borasio, 2011, S. 71). Bei manchen Menschen löst Atemnot auch Erinnerungen an frühere Erlebnisse wie das Sterben der eigenen Eltern aus, was die existenziellen Ängste zusätzlich verstärken kann. Erschwerend kommt hinzu, dass sich Atemnot und Angst gegenseitig verstärken und in einen Teufelskreis münden können.

Appetitlosigkeit und Durst

Bei Menschen am Lebensende, die stark an Gewicht verloren haben und immer schwächer werden, haben Angehörige oft den Drang, die Personen zur vermehrten Nahrungsaufnahme zu animieren. Oft ist es jedoch so, dass die Nahrungsaufnahme keinen positiven Effekt mehr hat und den Sterbeprozess lediglich in die Länge zieht. Im Alter ist es natürlich, dass die Verdauung sich verlangsamt und die Nährstoffaufnahme sich vermindert. Der Energiebedarf geht deutlich zurück. Die Nahrungsaufnahme im hohen Alter und am Lebensende sollte sich deshalb hauptsächlich am Genuss orientieren und weniger am Energiebedarf. Je näher der Tod kommt, desto unwichtiger wird die Ernährung.

Appetitlosigkeit bezeichnet das fehlende Bedürfnis der Nahrungsmittelaufnahme. Es kann auch dann zu Appetitlosigkeit kommen, wenn der körperliche Bedarf eigentlich gedeckt ist. Das Gefühl der Sättigung stellt sich am Lebensende rascher ein und der Gedanke an Essen kann bei einigen sogar Ekel auslösen.

Am Lebensende gehen unterschiedlichste Organfunktionen langsam zurück. Es kommt in der Folge zu Abmagerung, Gewichtsverlust, Kraftverlust, Appetitlosigkeit und zu Interessensverlust, Gleichgültigkeit und Teilnahmslosigkeit. Viele Personen werden zusätzlich verwirrt.

Appetitlosigkeit betrifft die allermeisten Menschen mit einer bösartigen Krebserkrankung. Angehörige fühlen sich dadurch oft hilflos und machtlos, was dazu führt, dass sie den Sterbenden unbedingt ermöglichen wollen, irgendwie noch zu essen.

Im Alter und insbesondere bei Demenz kann das Durstgefühl stark abnehmen. Es ist von außen oft schwierig zu beurteilen, ob jemand genügend Flüssigkeit zu sich nimmt. Ein Mangel an Flüssigkeit kann zwar zu Schwäche, Verwirrtheit oder Einschränkungen des Bewusstseins führen. Trotzdem wird eine verminderte Flüssigkeitszufuhr von den betroffenen Personen selbst selten als störend wahrgenommen. Der Flüssigkeitsmangel kann im Gegenteil sogar dazu führen, dass der Körper Stoffe ausschüttet, die schmerzlindernd wirken, sogenannte körpereigene Opioide. Dadurch werden nicht nur weniger Schmerzen empfunden, sondern dies führt häufig auch zu einer leichten Euphorie. Weitere Vorteile einer verminderten Zufuhr von Flüssigkeit sind weniger Erbrechen und eine Verringerung von Husten und Auswurf. Wasser kann sich in der Lunge ansammeln, was zu erschwertem Atmen oder gar Atemnot führen kann.

> **Hinweis:**
>
> Viel wichtiger als die Flüssigkeitszufuhr ist das Stillen des Durstgefühls, wozu bei Sterbenden das Benetzen der Mundschleimhaut oft ausreicht.

Übelkeit und Erbrechen

Übelkeit drückt sich durch ein unangenehmes, flaues Gefühl in der Magengegend mit oder ohne Brechreiz aus. Chronische Übelkeit tritt bei einem großen Teil der Menschen mit fortgeschrittenen Krebserkrankungen auf. Vor allem zwei Organsysteme sind verantwortlich für Übelkeit, entweder das Gehirn oder der Verdauungstrakt. Das Gehirn ist Ursache für Übelkeit bei einigen Medikamenten, bei erhöhtem Hirndruck, bei Stressreaktionen oder wenn das Gleichgewichtsorgan gestört ist. Der Verdauungstrakt kann zum Beispiel aufgrund von giftigen Stoffen oder wegen eines Darmverschlusses Übelkeit auslösen. Erbrechen ist jedoch nicht immer eine Folge von Übelkeit. Durch die direkte Reizung des sogenannten Brechzentrums im Hirnstamm kann es zu Erbrechen ohne vorausgehende Übelkeit kommen.

Typische Ursachen, die zu Übelkeit und Erbrechen am Lebensende und bei Sterbenden führen, sind Medikamente, Magenausgangsverengungen, Darmverschluss, Bestrahlungstherapie, erhöhter Hirndruck und Leber- sowie Nierenfunktionsstörungen.

2.2 Psychische Belastungen am Lebensende

Depressive Symptome und Suizidgedanken

Eine andere häufige Reaktion auf das nahende Sterben ist eine depressive Entwicklung mit einer Vielzahl spezifischer Symptome wie Hoffnungslosigkeit, Verlust von Sinn und Lebensaufgaben, Pessimismus, Verlust des Selbstwertgefühls, Hilflosigkeit, das Gefühl gefangen zu sein, Versagensgefühle, das Fehlen einer erstrebenswerten Zukunft oder Gefühle von Entfremdung und Isolation. Depressive Syndrome treten bei Sterbenden in bis zu 40 Prozent der Fälle auf und sind damit im Vergleich zur Allgemeinbevölkerung um das Zwei- bis Vierfache häufiger. Es besteht ein Zusammenhang zwischen depressiven und körperlichen Symptomen sowie zwischen depressiven Symptomen und existenziellen Ängsten.

Wichtig:

Es ist völlig normal, dass schwere Erkrankungen zu Anpassungsproblemen und gedrückter Stimmung bis hin zu Depressivität führen. Es besteht zum Beispiel ein klarer Zusammenhang zwischen Schmerz und Depressivität. Bei Krebspatienten geht man davon aus, dass ungefähr 20 bis 25 Prozent der Betroffenen an einer depressiven Störung leiden.

Nicht nur bei Krebs und Depression, sondern auch bei Depressionen im Zusammenhang mit anderen Erkrankungen am Lebensende ist es jedoch wichtig zu wissen, ob die depressiven Symptome neu zusammen mit der körperlichen Erkrankung aufgetreten sind oder ob die Person bereits früher depressive Phasen erlebt hat.

Bei einer zusätzlichen unheilbaren körperlichen Erkrankung kann vor dem Hintergrund einer depressiven Entwicklung der Wunsch entstehen, das Sterben zu beschleunigen. In diesem Zusammenhang kann es zu Suizidgedanken und/oder konkreten Absichten kommen. Man weiß heute, dass Suizidgedanken ungefähr bei der Hälfte der körperlich unheilbar erkrankten Personen auftreten.

Verwirrtheit und Delir

Ein Delir ist ein akuter Verwirrtheitszustand. Dieser ist gekennzeichnet durch einen zeitlich begrenzten, grundsätzlich jedoch umkehrbaren Verlust der Orientierung hinsichtlich Zeit, Ort, Situation oder der eigenen Person. Innerhalb von Stunden oder Tagen kommt es zu Bewusstseinstrübungen, Aufmerksamkeitsstörungen mit möglichen Sinnestäuschungen, zu Störungen des Denkens, der Stimmung oder zu Schlafstörungen.

Begriffsklärung: Hyperaktives und hypoaktives Delir

Es wird unterschieden zwischen hyperaktivem und hypoaktivem Delir. Das *hyperaktive Delir* ist durch Unruhe, Irritierbarkeit, Sinnestäuschungen, Angst, Zittern oder Schwitzen gekennzeichnet. Hingegen kommt es beim *hypoaktiven Delir* zu Bewegungsarmut, Störungen der sozialen Kontaktaufnahme, Sinnestäuschungen und Orientierungsstörungen. In ungefähr der Hälfte der Fälle tritt das Delir jedoch als gemischter Zustand mit Merkmalen beider Formen auf.

Bei ungefähr 20 bis 45 Prozent mündet diese Verwirrtheit am Lebensende in ein Delir. Dies entspricht fast der Hälfte der sterbenden Menschen und ist damit eines der häufigsten Syndrome am Lebensende. Mit zunehmendem Alter steigt das Risiko für die Entwicklung eines Delirs. Neben dem Alter gelten Demenzen am Lebensende als Hauptrisikofaktoren für die Entwicklung eines Delirs.

Hinweis:

Bis zu 80 Prozent der Menschen am Lebensende durchlaufen eine Phase der Verwirrtheit.

Todesangst und andere existenzielle Ängste

In Bezug auf den Tod gibt es zwei grundsätzlich verschiedene Perspektiven: Zum einen gibt es die Perspektive der *Angst vor dem Sterbeprozess selbst*. Diese bezieht sich auf den allerletzten Lebensabschnitt vor dem Tod. Manche fürchten sich vor einem qualvollen Sterbeverlauf, manche vor dem Ausgeliefertsein und manche vor medizinischen Maßnahmen, die das Sterben unnötig in die Länge ziehen. Es kann jedoch auch zu einer Furcht vor dem Verlassenwerden und vor der Isolation in den letzten schweren Stunden kommen. Frauen, Kinder, junge Erwachsene und Betagte fürchten sich tendenziell stärker vor dem Sterben als Männer und Personen im mittleren Lebensalter.

Zum anderen geht es um die *Angst vor dem Tod an sich*, also der Tatsache der Endlichkeit unseres Lebens so wie wir es kennen.

Hinweis:

Todesangst kann prinzipiell in jedem Moment des Lebens auftreten, also auch völlig unabhängig von einer konkreten Bedrohung des eigenen Lebens sowie im Zustand bester Gesundheit.

Die genaue Ausprägung der Todesangst ist von Person zu Person äußerst verschieden, weil sie von einer Vielzahl von Faktoren abhängig ist. Dazu gehört beispielsweise das persönliche Glaubenssystem: Menschen mit einem festen Glauben an ein Leben nach dem Tod haben vor dem Tod an sich häufig weniger Angst, da der Tod für sie kein absolutes Ende, sondern lediglich eine Veränderung darstellt. Das ist aber nicht zwangsläufig so – es kann auch sein, dass der herannahende Tod Glaubenssysteme ins Wanken bringt und Unsicherheit entsteht. Außerdem gibt es auch Personen, die glaubhaft berichten, vor dem Tod aus den verschiedensten Gründen keine Angst zu verspüren.

Neben der Todesangst im oben beschriebenen Sinn kann es zu weiteren existenziellen Ängsten wie der Angst vor dem Erlöschen des eigenen Selbst und Bewusstseins kommen. Der existenzielle Philosoph Sören Kierkegaard drückte es folgendermaßen aus: „Psychologisch gesehen ist diese Angst nicht Furcht, die sich auf ein bestimmtes Objekt richtet, sondern die ‚Angst vor dem Nichts'" (Kierkegaard, 1844/1991, S. 149). Yalom (2005) beschreibt dies als „Angst davor, sich selbst zu verlieren und zu nichts zu werden" (S. 59).

Hinweis:

Das Erlöschen des Selbst ist für uns nicht vorstellbar, da es nach dem Erlöschen eben gerade keine wahrnehmende Person mehr gibt. Der Gedanke an das Erlöschen des Selbst löst bei vielen ein Gefühl des Schwindels aus. Bei einigen löst dieser Gedanke sogar Panikattacken aus, die als akute Bedrohung des eigenen Lebens verbunden mit Herzklopfen, Schwitzen, Zittern, Schwindel, Mundtrockenheit oder dem Gefühl, ohnmächtig zu werden, erlebt werden.

Elisabeth Kübler-Ross wird das Zitat zugeschrieben, dass wir ebenso wenig dauerhaft dem Tod ins Auge sehen können, wie wir nicht lange direkt in die Sonne zu blicken vermögen. Aus diesen Gründen wird der Gedanke an den eigenen Tod von vielen vermieden. Auch gesellschaftlich wird das Thema entsprechend tabuisiert.

Trauer

Unter der Trauerphase wird die Zeitspanne vor, während und nach dem Tod eines nahestehenden Menschen verstanden (Znoj, 2016). Dabei bezieht sich der Begriff der Trauer auf die emotionale Reaktion auf einen Verlust. Trauernde haben ein Bedürfnis nach Trost, menschlicher oder körperlicher Nähe. Trauer kann sich körperlich und psychisch zudem vielfältig äußern mit Unruhe, einem Taubheitsgefühl, Anspannung, Schmerzen, Zittern, Appetitlosigkeit, Schlafschwierigkeiten, Wut, Weinen, Angst, Verzweiflung, Schuldgefühlen und Konzentrationsstörungen. Als Folge kann es zu sozialem Rückzug und zum Verlust der Tagesstruktur kommen.

Worden (2010) nennt vier Hauptaufgaben, denen sich Trauernde stellen müssen: (1) Den Verlust als Realität zu akzeptieren, (2) das Gefühl der Trauer zu erfahren und zu durchleben, (3) sich an die veränderte Umwelt anzupassen, in der das Verlorene fehlt und (4) dem Verlorenen emotional einen neuen Platz zu geben, die Erinnerungen an sie bzw. ihn mitzunehmen und weiterzuleben.

Vorweggenommene Trauer

Die Trauer, die empfunden wird, wenn jemand bereits auf einen bald bevorstehenden Tod eines Angehörigen emotional reagiert, wird als vorweggenommene Trauer bezeichnet. Die erlebte vorweggenommene Trauer kann sich jedoch auch auf den bevorstehenden Verlust des eigenen Lebens beziehen. Die Trauer bezogen auf den Verlust des eigenen Lebens kann am Lebensende viel Zeit und Kraft in Anspruch nehmen. Dadurch können aber auch wichtige, noch nicht abgeschlossene Themen ins Zentrum rücken, deren Durcharbeitung zu Erleichterung führen kann. Damit ist vorweggenommene Trauer bis zu einem gewissen Grad hilfreich für den Umgang eines Menschen mit dem bevorstehenden Tod.

Anhaltende Trauer

Wie bei Trauerprozessen im Zusammenhang mit dem Verlust nahestehender Personen kann vorweggenommene Trauer jedoch auch zu einer anhaltenden Trauer werden. Diese ist im Unterschied zu natürlicher Trauer dadurch gekennzeichnet, dass es nicht zu einer allmählichen Abnahme der

Trauer kommt. Es treten bei den Betroffenen häufig Schuldgefühle, Depressivität, Schlaf- und Essstörungen sowie selbstschädigendes Verhalten mit Medikamenten, Drogen oder Alkohol auf und eigene zwischenmenschliche Beziehungen werden vernachlässigt, was schließlich zu einem Zustand der Vereinsamung führen kann (Znoj, 2016). Gegebenenfalls ist dann eine professionelle Therapie angezeigt, um eine Verschlimmerung des Zustands zu verhindern.

3 Existenzielle Themen am Lebensende

Existenzielle Themen beschäftigen Menschen im Laufe ihres Lebens je nach Lebensphase mehr oder weniger stark. Besonders am Lebensende rücken existenzielle Fragen oft in den Vordergrund, können Personen gedanklich stark beschäftigen und lösen vielfach existenzielle Ängste aus. Beispiele sind die Beschäftigung mit dem Erlöschen der eigenen Person, des Bewusstseins und damit des Selbst, die Beschäftigung mit dem Vergessenwerden, mit dem Sterbeprozess, der Gestaltung der verbleibenden Zeit oder die Beschäftigung mit den Themen Einsamkeit, Isolation und Lebenssinn. Bei religiösen Menschen kommt oft die Beschäftigung mit dem Jenseits hinzu.

Die grundlegenden existenziellen Themen, die untrennbar zum Menschsein dazugehören, werden in der Existenzphilosophie auch *Existenzialien* genannt. Zu den klassischen Existenzialien gehören *Tod, Isolation, Sinnlosigkeit* und *Freiheit* (Jaspers, 1946/1973). Diese existenziellen Grundfragen können weder aufgelöst noch dauerhaft bewältigt werden. Jeder Mensch muss lernen, auf irgendeine Art und Weise mit diesen zu leben und ihnen gegenüber eine bestimmte innere Haltung zu entwickeln (für eine ausführliche Übersicht siehe Noyon & Heidenreich, 2012).

3.1 Beschäftigung mit dem Tod, der Endlichkeit und der verbleibenden Zeit

Der Tod ist gekennzeichnet durch das Erlöschen des eigenen Selbst, was bei den meisten Menschen Ängste auslöst. Trotzdem kommt niemand darum herum, das eigene Leben angesichts der Unausweichlichkeit des Todes selbst zu gestalten.

„Mit zunehmendem Alter vergehen die Jahre in der Rückschau immer schneller und für die Zukunft bleibt immer weniger Zeit. Obwohl in der Rückschau Zeit in der subjektiven Wahrnehmung immer schneller vergeht, wird zukünftige Zeit oft länger erlebt als die gleiche Zeitspanne in der Rücksicht“ (Müller-Busch, 2012, S. 187). Dieses Zeiterleben und die Feststellung, dass Personen am Lebensende die Gegenwart häufig besonders intensiv erleben, zeigt die existenzielle Bedeutung der verbleibenden Zeit. Für den Philosophen Søren Kierkegaard wird die verbleibende Zeit im Angesicht des Todes zu einem begehrten Gut und das Leben erhält dadurch mehr Wert. Bereits die ernsthafte Beschäftigung mit Sterben und Tod in früheren Lebensphasen kann ihm zufolge jedoch diesen Effekt bewirken: „Dem Ernsten jedoch gibt der Gedanke des Todes die rechte Fahrt ins Leben und das rechte Ziel, die Fahrt dahin zu richten. Und keine Bogensehne lässt so straff sich spannen, keine vermag dem Pfeile solche Fahrt zu geben wie den Lebenden der Gedanke des Todes anzutreiben vermag, wenn der Ernst ihn spannt" (Kierkegaard, 1845/1964, S. 186). Auch der Philosoph Michel de Montaigne betonte in seinen Schriften, dass für ein gutes Leben die Beschäftigung mit dem Sterben zentral ist: „Wer zu sterben gelernt hat, den drückt kein Dienst mehr: Nichts mehr ist schlimm im Leben für denjenigen, dem die Erkenntnis aufgegangen ist, dass es kein Unglück ist, nicht mehr zu leben" (de Montaigne, 1580/2005, S. 63).

Hinweis:

Der amerikanische Psychiater und Psychotherapeut Irvin D. Yalom ist überzeugt davon, dass es heilsam ist, sich mit dem Tod zu befassen: „Mir ist klar, dass uns die *Idee* des Todes retten kann, obwohl die *Tatsache* (seine Naturgesetzlichkeit) des Todes uns vernichtet" (Yalom, 2000, S. 153).

Der Arzt und Psychotherapeut Viktor Frankl bezeichnete den Tod als „Schrittmacher des Seins", da der Tod eine Mahnung darstellt, die verbleibende Lebenszeit verantwortungsvoll zu nutzen (Noyon & Heidenreich, 2012). Dieser Gedanke findet sich ähnlich auch in zentralen Schriften der Weltreligionen: Im Buddhismus gehört die Meditation über den Tod zu den wichtigsten. Im empfehlenswerten und gut lesbaren Buch „Dienstags bei Morrie" von Mitch Albom sagt Morrie zu Mitch: „Tu das, was die Buddhisten tun. Stell dir vor, dass jeden Tag ein kleiner Vogel auf deiner Schulter sitzt, der dich fragt: ‚Ist heute der Tag? Bin ich bereit? Tue ich alles, was ich tun sollte? Bin ich der Mensch, der ich sein möchte?' " (Albom, 2002, S. 98–99). Auch im Christentum und im Islam kommt der Gedanke in ähnlicher Form vor: In Psalm 90 (Lutherübersetzung) findet sich der folgende Satz: „Lehre uns bedenken, dass wir sterben müssen, auf dass wir klug werden." Im Koran steht, dass die Menschen schlafen und erst erwachen, wenn sie merken, dass das Leben zu Ende geht.

3.2 Isolation

> **Hinweis:**
>
> Neben Schmerzfreiheit wünschen sich sterbende Personen vor allem Geborgenheit in einem sozialen Umfeld.

Dies wurde und wird vor allem durch eine intakte Familie garantiert. Eine intakte Familie ist heute jedoch vor allem für ältere Menschen seltener geworden, was zu Einsamkeit und Isolation führen kann. Einsamkeit ist ein Gefühl, das beim Alleinsein und dem Mangel an sozialen Kontakten entsteht.

Isolation kommt in verschiedenen Formen vor:
- *Zwischenmenschliche Isolation* wird gewöhnlich als Einsamkeit erlebt, beispielsweise die räumliche Isolation allein lebender Personen.
- *Existenzielle Isolation* ist eine Erfahrung, die grundlegend zum Menschsein dazugehört. Sie bezeichnet eine „Isolation, die trotz höchst befriedigender Verbindungen zu anderen Menschen [...] weiterbesteht" (Yalom, 2005, S. 421). Es besteht eine unüberbrückbare Kluft zwischen einem selbst und anderen Personen. Existenzielle Isolation will damit als Begriff die Tatsache zum Ausdruck bringen, dass wir Menschen auch bei maximal hergestellter Nähe zu einem anderen Menschen immer noch Individuen sind, die für sich selbst stehen. Egal wie nahe ich einem anderen Menschen komme – es wird immer ein Kontakt zwischen einem „Ich" und einem „Du" bleiben und nicht eine Verschmelzung zwischen beidem sein. Gerade am Lebensende können sich Personen auch dann existenziell isoliert fühlen, wenn sie von ihren Angehörigen oder Freunden umgeben sind. Die Erfahrung des Sterbens ist privat und kann mit niemandem vollständig geteilt werden – wie auch jede andere menschliche Erfahrung. Doch im Moment des Sterbens kann das Gefühl, sich diesem Erleben letztlich allein aussetzen zu müssen, besonders stark durch eine Komponente der Isolation gekennzeichnet sein.

3.3 Sinnlosigkeit

Die Beschäftigung mit dem Sinn des Lebens gehört ebenfalls grundlegend zum Menschsein dazu.

Hinweis:

Chronisch kranke Menschen und Menschen am Lebensende fragen sich vermehrt, was das Leben noch lebenswert macht. Gerade in Situationen, in denen Menschen ihr Leiden als unerträglich empfinden, ist es wichtig, die existenziellen Fragen nach dem Sinn im Gespräch zu thematisieren.

Irvin D. Yalom (2005) unterscheidet kosmischen Sinn von irdischem Sinn: „‚Was ist der Sinn des Lebens?' ist eine Frage nach dem *kosmischen Sinn*, danach, ob das Leben [...] in ein übergreifendes zusammenhängendes Muster eingepasst ist" (S. 499). *Irdischer Sinn* bezieht sich darauf, welchen Sinn mein persönliches Leben hat. Eine Person, die irdischen Sinn erlebt, „erfährt das Leben so, dass es einen Zweck oder eine Funktion erfüllt, [...] übergreifenden Zielen dient, denen man sich verschrieben hat" (Yalom, 2005, S. 500). Der französische Existenzphilosoph Jean-Paul Sartre drückte seine Ansicht zu einem kosmischen Sinn in seinem Roman „Der Ekel" hart und kompromisslos aus: „Alles Existierende entsteht ohne Grund, setzt sich aus Schwäche fort und stirbt durch Zufall" (Sartre, 1938/2013, S. 211). Das heißt, es ist sinnlos, dass wir geboren werden und sinnlos, dass wir sterben. Trotzdem haben die Menschen ein grundlegendes Bedürfnis nach Sinn. Ein Leben ohne Sinn, ohne Ziele, Werte oder Ideale ruft unweigerlich Kummer hervor. Yalom (2005) rückt deshalb die folgende Frage in den Fokus: „Wie findet ein Wesen, das Sinn braucht, Sinn in einem Universum, das keinen Sinn hat?" (S. 499). Oder anders formuliert, wie kann irdischer Sinn gefunden werden, obwohl kein kosmischer Sinn existiert?

Es ist uns an dieser Stelle wichtig zu betonen, dass es auf die Frage nach dem Sinn keine erschöpfende und somit auch keine wie auch immer geartete „richtige" oder „falsche" Antwort gibt. Einen sehr großen Stellenwert nimmt an dieser Stelle natürlich der persönliche Glaube ein. Die zuletzt bezeichnete Position des französischen Existenzialismus geht davon aus, dass es einen kosmischen Sinn nicht gibt und der Mensch insofern kein übergeordnetes Ziel hat, an dem er sich orientieren und in dem er sich in seinem Leben und Sterben geborgen fühlen kann. Die verschiedenen Religionen formulieren demgegenüber alle in der einen oder anderen Form – mit zum Teil erheblichen Unterschieden, aber auch mit grundsätzlichen Ähnlichkeiten – eine Vorstellung davon, was es jenseits des irdischen Lebens noch gibt und worauf menschliches Leben ausgerichtet sein kann. Alle diese Systeme –

egal ob atheistische oder theistische – sind Glaubenssysteme jenseits einer „wissenschaftlichen Beweisbarkeit". Anders und drastisch vereinfacht gesagt: Sowohl der Glaube an einen Gott (welchen auch immer) als auch der Glaube an dessen Nicht-Existenz (im Sinne eines Atheismus) sind eben genau das – Glaubensformen. Hier geht es allein um das Ausmaß der subjektiven Überzeugung. Wenn jemand von einem religiösen Gedanken überzeugt ist und dies als subjektiv stimmig erlebt, dann ist das der atheistischen Überzeugung einer anderen Person vollkommen gleichwertig. Und dies gilt selbstverständlich auch für eine dazwischenliegende Position, die sich dadurch auszeichnet, das eine Person sich keinem der beiden Pole zugehörig fühlt („Ich weiß nicht, ob es Gott gibt oder nicht, und da ich das nicht weiß, bleibt meine Position an dieser Stelle unbestimmt"). In der Literatur wird diese Haltung häufig als „agnostisch" bezeichnet.

Es ist uns deshalb wichtig, diese unterschiedlichen Haltungen hier zu beschreiben, weil gerade am Lebensende viele Personen sich intensiv und möglicherweise erstmalig mit solchen Gedanken auseinandersetzen. Unsere hier zum Ausdruck gebrachte Überzeugung ist damit verbunden, den unterschiedlichen Perspektiven, die Menschen zur Sinnfrage einnehmen, in großer Toleranz und Akzeptanz zu begegnen. Niemand sollte in seiner Gläubigkeit kritisiert werden, unabhängig davon, ob diese um einen Gott oder dessen Nicht-Existenz oder etwas anderes kreist. Wir werden in einem späteren Abschnitt darauf zurückkommen, wie sich Personen im Umfeld eines Menschen am Lebensende günstig verhalten können, wenn es um Glaubensfragen geht.

3.4 Freiheit und Autonomie

Das letzte große existenzielle Thema, das wir im Kontext der menschlichen Sterblichkeit besprechen möchten, ist die Dimension, die von schicksalhafter Bedingtheit bis zu freiheitlicher Verantwortung reicht. Wir vertreten eine Perspektive, in der beiden Polen dieser Dimension im menschlichen Leben ein Platz eingeräumt wird. Menschen sind sowohl „frei" in dem Sinne, dass sie Entscheidungen treffen können und viele Aspekte ihres Lebens selbst bestimmen können, als auch „unfrei" dergestalt, dass unser Leben durch Gegebenheiten gekennzeichnet ist, die wir nicht beeinflussen können. In den meisten menschlich wichtigen Situationen mischen sich beide Anteile zu einem mitunter schwer auflösbaren Geflecht. So kann beispielsweise eine schwere Erkrankung, die eine Person trifft, als Schicksalsschlag betrachtet werden, der jenseits des Einflussbereichs eines Menschen über diesen hereinbricht, während die Art und Weise, wie genau er mit diesem Schicksalsschlag umgeht, in den Bereich seiner Freiheit fällt. Randy Pausch, ein amerikanischer Informatiker, der im Jahr 2008 an Bauchspeicheldrüsenkrebs verstorben ist, hat kurze Zeit vor seinem Tod gesagt: „Wir können nicht die Karten ändern, die uns das Leben zuspielt, nur die Art, wie wir unsere Karten ausspielen" (Pausch, 2008, S. 24; Übers. d. A.). Gerade angesichts einer schwerwiegenden Erkrankung prallen somit Schicksal und Freiheit wuchtig aufeinander.

Hinweis:

Menschen gehen mitunter sehr unterschiedlich mit den schicksalhaft bedingten und freiheitlichen Teilen ihres Lebens um beziehungsweise erleben diese häufig völlig verschieden voneinander. Was der eine möglicherweise als schreiende Ungerechtigkeit des Schicksals betrachtet, das erlebt der andere als schlüssige Konsequenz einer selbst verantworteten Lebensführung.

Auch in der weiteren Gestaltung des Lebens in Antwort auf eine schwere Erkrankung reichen die menschlichen Verhaltensweisen von einer fatalistischen Ergebenheit („Ich kann ja eh nichts machen und warte ab, was das Schicksal für mich vorgesehen hat") bis zum verbissenen Kampf („Ich bestimme mein Leben selbst und kämpfe dieses Schicksal nieder, koste es, was es wolle"). Die Art und Weise, wie sich Schwerstkranke oder Sterbende mit ihrer Realität auseinandersetzen, kann sich dabei von jener ihrer Angehörigen drastisch unterscheiden. Durch Konflikte an dieser Stelle (z. B. eine sich ergebende Haltung beim Schwerstkranken versus eine kämpferische Haltung beim Partner) können sich Belastungen ergeben, die die Gesamtsituation noch weiter erschweren.

Wie auch bei den anderen existenziellen Grundthemen gibt es auch bei der Dimension Bedingtheit versus Freiheit kein einfaches „richtig" und „falsch". Wie bereits deutlich wurde, treten wir für einen mittleren Standpunkt ein, der sowohl der schicksalhaften Bedingtheit des menschlichen Lebens als auch der freiheitlichen Verantwortlichkeit des Menschen einen Platz einräumt. Eine solche balancierte Haltung ermöglicht es aus unserer Sicht jeweils am besten, sich situationsgerecht zu verhalten. Aus einer solchen Position heraus kann sowohl vermieden werden, sinnlos gegen ein unentrinnbares Schicksal anzurennen (z. B. bei aussichtsloser medizinischer Prognose weiter vergebliche Behandlungsversuche aneinanderzureihen) und dabei Energie zu verschwenden, als auch sich unreflektiert und tatenlos einem vermeintlichen Schicksal zu überlassen, obwohl noch Handlungsspielraum besteht (z. B. in Form einer aussichtsreichen, wenn auch riskanten oder nebenwirkungsreichen medizinischen Behandlung). Angehörige haben in diesem schwierigen Spannungsfeld die Aufgabe, der betroffenen Person dabei zu helfen, ihre konkrete Lebens- und Krankheitssituation so realistisch wie möglich zu betrachten und sie in all ihren Bedingungen und Möglichkeiten zu untersuchen. Aus unserer Sicht kann das Reinhold Niebuhr zugeschriebene sogenannte „Gelassenheitsgebet" eine Orientierungshilfe sein, wenn es um Fragen zwischen schicksalhafter Bedingtheit und Freiheit geht:

Gott gebe mir die Gelassenheit, Dinge hinzunehmen,
die ich nicht ändern kann,
den Mut, Dinge zu ändern, die ich ändern kann,
und die Weisheit, das eine vom anderen zu unterscheiden.

Die erste Zeile dieses „Gebets" (dessen Inhalt übrigens vollkommen unabhängig von Religiosität ist und dessen Weisheit deshalb auch nicht-gläubigen Menschen nützlich sein kann) berührt die schicksalhafte Bedingtheit – hier sind wir nicht frei, können nicht wählen und tun gut daran, uns mit den Dingen, die wir nicht ändern können, zu arrangieren, anstatt sinnlos gegen sie aufzubegehren. Die zweite Zeile benennt unsere Freiheit und damit unseren Handlungsspielraum, in dem wir zu tatkräftiger Aktion aufgerufen sind und prüfen sollten, wie wir etwas konkret beeinflussen können. Die dritte Zeile schließlich verdeutlicht, dass wir mit den schicksalhaften und freiheitlichen Aspekten unseres Lebens und Sterbens nur dann angemessen umgehen können, wenn wir diesen Unterschied auch zu erkennen vermögen.

Manchmal gelingt die Erkenntnis dieses Unterschiedes von außen leichter – sterbende Menschen sind häufig völlig verständlicherweise so verstrickt in ihre Situation, dass sie keinen klaren Blick mehr dafür haben. Gerade dann können Angehörige einen sehr wichtigen Beitrag leisten, wenn sie der betroffenen Person behutsam dabei helfen, den eigenen Handlungsspielraum auszumachen.

4 Was am Lebensende helfen kann

In diesem Kapitel steht die Erleichterung des natürlichen Sterbens mit Fragen der Lebensqualität, Würde und Autonomie im Vordergrund. Das Ankämpfen gegen den Tod ist leider bis heute die vorherrschende Form der Auseinandersetzung mit dem Sterben von Gesundheitsfachleuten und Angehörigen.

Hinweis:

Seit einigen Jahren ist jedoch glücklicherweise das Bewusstsein dafür gewachsen, dass ein „gutes Sterben" wichtiger sein kann als ein unnachgiebiger Kampf gegen den Tod.

4.1 Das „gute" Sterben

Wer jemanden als Angehöriger oder Pflegender in den Tod begleitet hat, der entwickelt dadurch andere Vorstellungen vom guten Sterben. Hier zeigen sich Unterschiede zu Personen ohne solche Erfahrungen (Steinhauser et al., 2000). Gesunde Menschen, die bisher wenig mit Sterbenden und Tod zu tun gehabt haben, erachten gewöhnlich ein plötzliches Sterben im Schlaf ohne lange Abschiedszeit als ein gutes Sterben. Schwerkranke und Personen mit Erfahrung hinsichtlich Tod und Sterben wünschen sich hingegen eher eine bewusste und für alle Beteiligten stimmige Abschiedsphase (Müller-Busch, 2012). Erfahrungen zeigen, dass gerade für die Zurückbleibenden eine mittlere bis lange Abschiedsphase oft einfacher zu ertragen ist, da Zeit bleibt, sich zu verabschieden, den Tod anzunehmen und in die eigene Lebensgeschichte einzuordnen. Für Angehörige ist es praktisch immer erschütternd, wenn jemand plötzlich und völlig unerwartet aus dem Leben gerissen wird.

Wichtig:

Die wesentlichen Elemente für ein „gutes" Sterben, basierend auf Smith (2000), sind die zwölf folgenden:

1. *Wissen,* wann der Tod ungefähr kommt, und verstehen, was zu erwarten ist.
2. *Kontrolle* über die Abläufe behalten.
3. *Würde* und *Privatsphäre* behalten.
4. *Wirksame Behandlung* von Schmerzen und anderen Symptomen.
5. Den *Sterbeort* auswählen können.
6. Aktiv über alles *informiert werden.*
7. *Spirituelle* und *emotionale Unterstützung* erhalten.
8. *Palliativbetreuung* unabhängig vom Ort und nicht nur im Krankenhaus.
9. Selbst *bestimmen* können, *wer* während der letzten Sterbephase *anwesend ist.*
10. *Vorausbestimmen* von zu respektierenden *Wünschen.*
11. Genügend *Zeit* für den *Abschied* haben.
12. *Keine sinnlose Lebensverlängerung.*

Wir möchten im Weiteren detaillierter auf einige aus unserer Sicht besonders wesentliche Elemente eingehen.

4.2 Würde

Würde bedeutet, dass man sich als Person geachtet fühlt und Selbstachtung hat, ganz unabhängig davon, ob man selbst aktuell etwas dafür tun kann. Menschenwürde wird vor allem dann zum Thema, wenn sie infrage gestellt wird, beispielsweise wenn es um Unterwerfung oder Misshandlung geht. Durch die Umstände einer fortschreitenden Erkrankung oder den voranschreitenden Verlust körperlicher und psychischer Funktionen kann es zu Gefühlen der Entwürdigung kommen, die bei den Betroffenen zu Scham führen oder zum Gefühl, als reines Objekt wahrgenommen zu werden.

4.3 Selbstbestimmung

Autonomie oder Selbstbestimmung ist die Fähigkeit einer Person, ihren Willen auszudrücken und ihr Leben ihren Werten und Überzeugungen entsprechend zu gestalten.

Hinweis:

Wenn ein Mensch als Objekt wahrgenommen wird, an dem Handlungen vollzogen werden, ohne dass er mitwirken kann, werden nicht nur die Menschenwürde, sondern auch die Autonomie verletzt und damit ein wichtiges psychisches Grundbedürfnis vernachlässigt.

Am Lebensende kann das Autonomiegefühl zum Beispiel anhand des Einbezugs in Entscheidungen zur Pflege, Behandlung oder Sterbeerleichterung gestärkt werden. Viele Menschen haben einen Autonomiewunsch hinsichtlich der Kontrollierbarkeit des eigenen Todes. Für viele Menschen ergibt sich am Lebensende der Wunsch, selbstbestimmt über das eigene Sterben verfügen zu können: „Warum sollte ich kein Recht haben, mein Leben zu beenden, wie und wann ich es für richtig halte?"

4.4 Zwischenmenschliche Beziehungen und Selbsthilfegruppen

Das menschliche Bedürfnis nach Zugehörigkeit drückt sich im Wunsch nach Beziehungsaufnahme, Nähe und Vertrautheit aus. Liebe ist die stärkste Form von Zuneigung und Wertschätzung, die ein Mensch einem anderen entgegenbringen kann. Zwischenmenschliche Beziehungen spielen am Lebensende eine wichtige Rolle und können für Sterbende eine große Stütze sein. Die Qualität zwischenmenschlicher Beziehungen hängt dabei direkt mit der Lebensqualität am Lebensende und mit der Dauer des Überlebens zusammen (Neimeyer et al., 2003). Menschen mit wenigen oder problematischen Beziehungen erleben mehr Belastungen und Schwierigkeiten im Sterbeprozess.

In Kapitel 6 gehen wir ausführlich darauf ein, wie Angehörige im Kontakt mit einem Menschen am Lebensende hilfreich sein können, denn natürlich sind die Angehörigen in den meisten Fällen die Nächststehenden, auf deren

Zuspruch und Anwesenheit ein Schwerstkranker ganz besonders angewiesen ist. Nicht selten sind mit der sterbenden Person aber auch die Angehörigen stark überfordert. Deshalb ist es in vielen Fällen anzuraten, dass sich Sterbende auch ein Stützsystem außerhalb der Familie suchen. Auch die Beziehung beispielsweise zu einem Psychotherapeuten ist eine zwischenmenschliche Beziehung, die für den Betroffenen trostspendend sein kann. Im Gegensatz zu Angehörigen ist es einem außenstehenden Therapeuten eher möglich, zum Betroffenen so viel Distanz wie nötig und gleichzeitig so viel Nähe wie möglich aufzubauen, sodass eine hilfreiche Haltung des Therapeuten gesichert ist. Gerade in diesem Bereich ist dabei allerdings die menschliche Passung von Patient und Therapeut von herausragender Bedeutung: Einem Sterbenden therapeutisch beizustehen hat sehr viel weniger als in anderen therapeutischen Bereichen mit dem Einsatz bestimmter therapeutischer Techniken zu tun. Stattdessen geht es in erster Linie um die Beziehung zwischen Therapeut und Patient selbst, um den Kontakt, die Begegnung und den menschlichen Beistand, der in dieser Beziehung erfahren werden kann. Wenn Sie diese Zeilen als schwerstkranke Person am Lebensende selbst lesen oder wenn Sie als Angehörige eine sterbende Person begleiten und sich Gedanken über eine zusätzliche therapeutische Unterstützung machen, dann empfehlen wir Ihnen nachdrücklich, bei der Auswahl des richtigen Therapeuten auf Ihr Gefühl zu hören und sich nur dann auf eine therapeutische Begleitung einzulassen, wenn die menschliche Basis stimmig ist.

Eine andere Möglichkeit, die die Begleitung durch Angehörige ergänzen kann, ist der Besuch einer Selbsthilfegruppe. In Deutschland gibt es Selbsthilfegruppen für fast jedes Anliegen. So gibt es auch im Bereich Lebensende, Sterben und Tod Selbsthilfegruppen für Sterbende selbst, aber auch für Angehörige von Sterbenden oder bereits Verstorbenen. Selbsthilfegruppen zeichnen sich dadurch aus, dass es Betroffenen auf diese Weise möglich wird, sich mit gleichermaßen Betroffenen auszutauschen. Dies kann ein großer Vorteil sein, da sich hierdurch beispielsweise ein deutlicheres Gefühl davon einstellen kann, mit dem, was man gerade selbst zu tragen hat, nicht alleine zu sein und dass auch andere mit einem vergleichbaren Schicksal zu kämpfen haben. Nur einfach schon sich in seinem eigenen Schmerz ausdrücken zu können und das Wissen, dass das, was man sagt, von Menschen gehört wird, die einen aufgrund der eigenen Betroffenheit wirklich verstehen können, kann sehr tröstend sein: „Gib Worte deinem Schmerz. Gram, der nicht spricht, presst das beladne Herz, bis dass es bricht“ (Shakespeare, *Macbeth*). Ein weiterer Vorteil kann darin liegen, dass man von anderen Betroffenen im Rahmen der Gruppengespräche Hinweise erhalten kann, an die man selbst bislang noch nicht gedacht hat.

Allerdings kann der Besuch einer Selbsthilfegruppe auch Risiken bergen. So kann es sehr belastend sein, Geschichten von anderen zu hören und an diesem Schmerz teilzuhaben. Ebenso ist es für manche zu schmerzlich, wenn ein Gruppenmitglied auf einmal nicht mehr zu einem Treffen kommt, weil es gestorben ist. Der Besuch einer Selbsthilfegruppe ist somit durchaus nicht für jeden Menschen geeignet. Man sollte sich vorher überlegen, ob man sich davon etwas Aussichtsreiches verspricht und es gegebenenfalls versuchen. Wenn sich dann zeigt, dass die Nachteile die Vorteile überwiegen, dann ist es natürlich ohne Weiteres möglich, auf den weiteren Besuch der Gruppe zu verzichten.

Zum Thema Selbsthilfegruppen gibt es im Internet zahlreiche Webseiten mit Kontaktadressen für konkrete Selbsthilfegruppen. Angesichts der Schnelllebigkeit des Internets ist es an dieser Stelle nicht sinnvoll, konkrete Webseiten zu benennen, da diese möglicherweise zum Zeitpunkt, zu dem Sie dieses Buch lesen, schon wieder veraltet sind. Sollten Sie sich für eine Gruppenteilnahme interessieren, so raten wir zu einer Internetrecherche mit Angabe Ihrer Region. Eine gute Startadresse können auch die Webseiten der vielen regionalen Verbraucherzentralen sein, da dort häufig Querverweise zu Selbsthilfegruppen mitgeteilt werden.

4.5 Religiosität, Spiritualität und Spiritual Care

Religiosität und Spiritualität können am Lebensende ebenfalls eine Stütze sein. Unter Religiosität wird die persönliche Bindung an eine Religion oder Glaubensgemeinschaft verstanden. Demgegenüber steht Spiritualität für die Vorstellung einer geistigen Verbindung zu Übersinnlichem. In einer Studie wurde herausgefunden, dass sich Personen, die an ein Weiterleben nach dem Tod glauben, aber nicht sehr religiös sind, eher stärker vor dem Tod fürchten als Menschen, die nicht an ein Weiterleben nach dem Tod glauben und wenig religiös sind (Wink & Scott, 2005). Umgekehrt fanden beispielsweise Daaleman und Dobbs (2010), dass die Teilnehmer umso weniger Angst vor dem Tod hatten, je stärker ihr Gottesglaube ausgeprägt war. Wir könnten die Liste an Studien fortführen und aufzeigen, dass sich für alle Vermutungen Belege finden lassen – positive Zusammenhänge, negative Zusammenhänge, oder auch gar keine Verbindung zwischen Gläubigkeit und Todesangst. Die Studienlage hier stimmt somit gut mit unserer weiter oben beschriebenen Perspektive zum persönlichen Glauben überein: Hier gibt es kein „richtig" oder „falsch" und keine einfachen Lösungen. Es ist in jedem Einzelfall zu betrachten, wie genau der Glaube einer Person aussieht und was sich daraus konkret für die Verarbeitung des Sterbens ergibt.

In der Literatur wurde manchmal beschrieben, dass gewisse Personen „auf dem Totenbett" im Angesicht des Todes oder sich in Lebensgefahr befindende Personen plötzlich gläubig oder religiös werden. Diese Annahme wurde oft mit Einzelfallbeispielen gestützt. Die meisten dieser Beispiele sind allerdings überkommene Mythen und nicht stichhaltig. Wissenschaftliche Untersuchungen dazu gibt es bisher nicht. Auch hier raten wir gegebenenfalls zu einer toleranten und akzeptierenden Haltung, wenn beispielsweise Angehörige bei einem Sterbenden erleben, wie dieser plötzlich eine religiöse Wandlung erfährt. Dies kann vorkommen, sollte deshalb auch nicht kritisch hinterfragt werden, es kann aber genauso gut auch ausbleiben und sollte somit nicht eingefordert werden.

Spiritual Care bezeichnet Maßnahmen zur Vorbeugung und Linderung des Leidens durch religiöse Ansätze. Meistens ist Spiritual Care ein Teil von Palliative Care (siehe Kapitel 4.6). Im christlichen Kontext deckt sich Spiritual Care weitgehend mit Seelsorge, das heißt Gespräche und Gebete mit Theologen, Segensgesten und andere Ritualhandlungen. Traditionsreich ist auch die jüdische und buddhistische Spiritual Care. Einige wissenschaftliche Studien fanden einen positiven Einfluss der Beachtung spiritueller Bedürfnisse am Lebensende (z. B. Astrow et al., 2007). Allerdings sind negative religiöse Inhalte wie ein strafender Gott, Teufel und Hölle oder Krankheit als Bestrafung von Sünden mit einer schlechteren psychischen Gesundheit verbunden (Hebert et al., 2009). Werden alle Studien zum Thema zusammengefasst, finden sich jedoch keine eindeutigen Belege dafür, dass spirituelle oder religiöse Interventionen am Lebensende das durchschnittliche Wohlbefinden verbessern (Candy et al., 2012).

Hinweis:

Gerade aufgrund der hier verschiedentlich angedeuteten unklaren Forschungslage und auch aus unserer eigenen Erfahrung empfehlen wir in Sachen Religiosität, Weltbild und Glaube im Umgang mit Sterbenden den Verzicht auf jedes Sendungsbewusstsein. Wer eine Person am Lebensende auf ihrem letzten Weg hilfreich begleiten möchte, der sollte sich in allem so stark wie möglich an den Bedürfnissen der sterbenden Person selbst orientieren, nicht an seinen eigenen. Man kann als Angehöriger auch dann hilfreich sein, wenn man das Weltbild des Sterbenden in keiner Weise teilt. Dies wird jedoch dann, wenn es Bekehrungs- oder Konfrontationsabsichten gibt, nur schwer oder gar nicht gelingen können.

4.6 Palliative Care

Begriffsklärung: Palliative Care

Die Weltgesundheitsorganisation definiert Palliative Care als „Ansatz zur Verbesserung der Lebensqualität von Patienten und ihren Familien, die mit Problemen konfrontiert sind, welche mit einer lebensbedrohlichen Erkrankung einhergehen“ (WHO, 2014); der Begriff bezieht sich auf das „Vorbeugen und Lindern von Leiden durch frühzeitige Erkennung, sorgfältige Einschätzung und Behandlung von Schmerzen sowie anderen Problemen körperlicher, psychosozialer und spiritueller Art“ (WHO, 2014).

Aufgrund von internationalen Studien können nach Ellershaw (2013) folgende zehn Elemente benannt werden, die für die Betreuung Sterbender zentral sind:

1. Diagnostizieren des Sterbens.
2. Kommunikation wenn möglich mit dem Patient und immer mit den Angehörigen.
3. Spirituelle Begleitung, falls eine solche erwünscht ist.
4. Vorausschauende Verordnung und Gabe von Medikamenten zur Linderung von Schmerzen, Atemwegssekretionen, Angetriebenheit, Übelkeit, Erbrechen und Atemnot.

5. Regelmäßige Beurteilung, ob die klinischen Interventionen im Interesse des Patienten sind.
6. Regelmäßige Beurteilung des Flüssigkeitshaushalts inklusive Beurteilung, ob die Flüssigkeitszufuhr erhöht, reduziert oder gestoppt werden soll.
7. Regelmäßige Beurteilung der Ernährung inklusive Beurteilung, ob die Ernährungszufuhr erhöht, reduziert oder gestoppt werden soll.
8. Vollständige Diskussion des Pflege- bzw. Betreuungsplans mit dem Patienten und den Angehörigen.
9. Regelmäßige umfassende Neubeurteilung des Patienten.
10. Würdevolle und respektvolle Betreuung nach dem Tod.

Neben der Verbesserung der Lebensqualität hat Palliative Care etliche weitere positive Wirkungen. In einer aufsehenerregenden wissenschaftlichen Studie konnte beispielsweise gezeigt werden, dass frühzeitige Palliative Care bei Menschen mit bösartigem Lungenkrebs und schlechter Prognose im Vergleich zu Personen, die zu diesem frühen Zeitpunkt noch keine Palliative Care erhielten, sogar mit einer Lebensverlängerung einherging (Temel et al., 2010). Durch Palliative Care kann außerdem erreicht werden, dass die meisten Personen mit Krebserkrankungen auch in der letzten Lebensphase zu Hause bleiben können.

Hinweis:

Schmerzen und die meisten anderen belastenden Symptome am Lebensende lassen sich heutzutage so weit kontrollieren, dass trotz aller Einschränkungen normalerweise eine akzeptable Lebensqualität erreicht werden kann.

In den folgenden Unterkapiteln werden einige dieser wichtigen Elemente von Palliative Care genauer beschrieben: Palliative Interventionen bei Schmerz, Erschöpfung und Müdigkeit, Atemnot, Appetitlosigkeit, Durst, Verwirrtheit und Delir.

Palliative Interventionen bei Schmerz

Ein Sterben unter unerträglichen körperlichen Schmerzen muss heutzutage eigentlich nicht mehr befürchtet werden, wenn sich eine Person in den Händen gut geschulter und aufgeschlossener palliativ-medizinischer Fachpersonen befindet (Müller-Busch, 2012). Leider ist diese erfreuliche Tatsache noch lange nicht beim Großteil der Bevölkerung angekommen, und für viele Menschen bleibt die Erwartung von starken Schmerzen eine der größten Befürchtungen im Zusammenhang mit dem eigenen Lebensende. Niederländische Studien haben gezeigt, dass die Angst vor unerträglichen Schmerzen am Lebensende einer der häufigsten Gründe dafür ist, dass sich Menschen Sterbehilfe wünschen (z. B. van Alphen, Donker & Marquet, 2010).

Opioide bilden seit langem die wichtigste Medikamentenklasse zur Schmerzbehandlung am Lebensende. Opioide sind eine Substanzklasse mit morphinähnlichen Wirkungen, die heute synthetisch hergestellt werden, deren Ursprungssubstanz jedoch das natürlich vorkommende Opium aus dem Schlafmohn ist. Leider geistern nach wie vor verschiedene falsche Vorstellungen zu Wirksamkeit und Sicherheit dieser Medikamente herum. Besonders populär ist beispielsweise die Angst vor einer raschen Abhängigkeit. Nach heutigen Erkenntnissen ist eine Abhängigkeit jedoch nicht zu erwarten, wenn Opioide von gut geschulten Fachleuten nach den geltenden Richtlinien verordnet werden. Sowieso wäre aber eine Opioid-Abhängigkeit bei einer sterbenden Person in ihrer Bedeutung zu vernachlässigen. Auch die Angst vor einer deutlichen Lebensverkürzung aufgrund der korrekten Einnahme von Opioiden am Lebensende ist unbegründet und wissenschaftlich nicht belegt (siehe z. B. Sykes & Thorns, 2003). Trotzdem sollte selbstverständlich respektiert werden, wenn jemand Opioide ablehnt.

Hinweis:

Auch wenn Medikamente die Basisbehandlung bei Schmerzen am Lebensende darstellen, können bei entsprechender Offenheit zusätzlich psychologische Methoden zur Schmerzbewältigung angewandt werden. Möglichkeiten sind Entspannungsverfahren, Kognitive Verhaltenstherapie mit dem Erkennen schmerzfördernder und dem Erarbeiten hilfreicher Gedanken oder achtsamkeitsbasierte Ansätze mit dem Verzicht auf das Ankämpfen gegen die Schmerzen und einer realistischen Auseinandersetzung mit diesen.

Palliative Interventionen bei Erschöpfung und Müdigkeit

> **Hinweis:**
>
> Erschöpfung und Müdigkeit müssen nicht immer und unbedingt behandelt werden, da sie zu einem normalen Sterbeprozess dazu gehören und eine natürliche Funktion erfüllen.

Außerdem gibt es keine wirksamen Strategien gegen die besondere Form von Erschöpfung und Müdigkeit am Lebensende. Insbesondere gibt es keine Medikamente, die genügend wirksam und sicher wären, damit sie zur dauerhaften Anwendung empfohlen werden. Vorübergehend können Erschöpfung und Müdigkeit teilweise durch regelmäßige Pausen, leichte körperliche Aktivitäten, Entspannungstechniken, die Vermeidung von Stress oder durch faszinierende Aktivitäten gemildert werden.

Palliative Interventionen bei Atemnot

Zur Behandlung schwerer Atemnot empfehlen Palliative Care-Experten eine Kombination aus medikamentösen und nicht medikamentösen Strategien (z. B. Thomas, Bausewein, Higgins & Booth, 2011).

> **Hinweis: Strategien zur Behandlung von Atemnot**
>
> Bei leichter und mittelgradiger Atemnot ist es das wichtigste Ziel, die Atmung zu erleichtern. Wirksame Möglichkeiten sind Ruhe, regelmäßige Bewegungen, spezielle Körperhaltungen wie beispielsweise der Kutschersitz, die Lippenbremse, Einatmung in den Bauch anstatt nur in den Brustkorb oder das gemeinsame und zeitgleiche Ein- und Ausatmen zusammen mit einer anderen Person. Weitere Maßnahmen sind die Kühlung des Gesichts, Duftöle mit Zitrone und Eukalyptus oder atemaktivierende Einreibungen. Manchmal kann jedoch bereits das Öffnen des Fensters oder ein Ventilator genügen, damit Personen das Gefühl haben, wieder genügend Luft zu bekommen.

Bei Atemnot wird oft künstlicher Sauerstoff eingesetzt. Dies ist bei Personen am Lebensende jedoch besonders umstritten, da künstlicher Sauerstoff bei Atemnot meistens nicht wirksamer ist als Raumluft und da künstlicher Sauerstoff auch schaden kann, indem die Schleimhäute der Atemwege ausgetrocknet werden.

Palliative Interventionen bei Appetitlosigkeit und Durst

> **Hinweis:**
>
> Wichtig ist das Stillen des Durstgefühls, wozu die Befeuchtung der Mundschleimhaut meistens genügt.

Künstliche Flüssigkeitsgabe und Ernährung sind bei Personen in der letzten Sterbephase selten sinnvoll.

Zur Vorbeugung und Behandlung von Mundtrockenheit sind beispielswiese folgende einfachen Maßnahmen sinnvoll: Vermeidung von schleimhautaustrocknenden Medikamenten, Mund- und Lippenpflege, künstlicher Speichel, kein künstlicher Sauerstoff, das Zergehenlassen von Eiswürfeln oder die tropfenweise Einnahme von kleinen Flüssigkeitsmengen (Borasio, 2011).

Palliative Interventionen bei Verwirrtheit und Delir

Gegen Ende des Sterbeprozesses gehört es dazu und ist es normal, dass Verwirrtheit und Delir auftreten. Deshalb müssen die damit verbundenen Symptome nicht unbedingt medikamentös behandelt werden. Nicht medikamentöse Maßnahmen stehen hier an erster Stelle, unabhängig von der Ursache der Verwirrtheit oder des Delirs. Dazu gehören beispielsweise Reizabschirmung oder einfache Kommunikation mit kurzen und klaren Fragen.

5 Die Macht philosophischer Gedanken

In diesem Kapitel werden einige teilweise über 2.500 Jahre alte philosophische Gedanken zum Thema Sterben und Tod zusammengefasst, die helfen können, mit der Realität von Sterben und Tod besser umzugehen und diesbezügliche Ängste zu mildern. Schon Boethius beschwor im 6. Jahrhundert in seinem Werk „Trost der Philosophie" – dem letzten bedeutenden literarischen Werk der Antike – die große Denktradition der antiken Philosophie als tröstendes geistiges Vermächtnis (Boethius, 2011). Insbesondere seit der Renaissance sind viele hilfreiche philosophische Gedanken zu diesem geistigen Erbe hinzugekommen, die teilweise die Macht besitzen, Personen die Realität des Sterbens und des Todes besser ertragen zu lassen. Welche der folgenden Gedanken hilfreich sind und welche nicht, muss dabei jeder Leser für sich selbst herausfinden. Das bedeutet, dass die im Folgenden entwickelten Gedanken den einen überzeugen mögen und damit für ihn hilfreich sind, einem anderen hingegen nicht einleuchten und somit auch nicht helfen. Wenn Sie dieses Buch als Angehöriger lesen, der einer Person am Lebensende helfen möchte, dann sollten Sie diesen Umstand bei der Lektüre im Hinterkopf behalten: Was Sie überzeugt, das muss Ihren Angehörigen noch lange nicht überzeugen. Hier gilt somit das, was wir bereits im Kontext von Gläubigkeit (siehe Kapitel 4.5) ausgedrückt haben. Unsere Haltung sollte hier von Toleranz und Unaufdringlichkeit bestimmt sein. Behutsam angeboten können die folgenden Gedanken hilfreich sein – aufgedrängt und eingehämmert werden sie hingegen mehr Schaden anrichten als Nutzen.

In manchen Lebensabschnitten begeben sich gewisse Personen absichtlich in riskante oder abenteuerliche Situationen, um die eigenen Fähigkeiten zu testen und zu schulen oder schlicht um etwas Außergewöhnliches zu erleben. Auch Sterben und den Tod können aus dieser Perspektive betrachtet werden:

Sterben als letztes Abenteuer

Das Sterben als letzte Herausforderung, als letztes Abenteuer, letzte Reise oder Möglichkeit, Interessantes wahrzunehmen beziehungsweise Beobachtungen und Erfahrungen zu machen. In den Augen einiger Philosophen stellt das Sterben die wichtigste existenzielle Erfahrung dar, die das Leben mit sich bringt.

In der buddhistischen Meditation über den Tod (siehe Rosenberg, 2000) wird beispielsweise gelehrt, das Sterben mit voller Achtsamkeit wahrzunehmen, also weder an die Vergangenheit noch an die Zukunft zu denken, sondern ein letztes Mal vollständig im Hier-und-Jetzt zu leben und alles, was dabei abläuft, nicht wertend zu beobachten.

Der amerikanische Psychiater und Psychotherapeut Irvin D. Yalom hält den Gedanken des *Welleneffekts* im Umgang mit Todesangst für einen der hilfreichsten.

Der Gedanke des Welleneffekts

Der Gedanke des Welleneffekts besagt, dass jeder Mensch in seinem Leben „konzentrische Einflusskreise erzeugt, die sich jahrelang oder sogar über Generationen hinweg, auf andere auswirken können" (Yalom, 2008, S. 86), ähnlich wie Wellen, die entstehen, wenn ein Stein ins Wasser fällt, und die noch lange fortlaufen, auch wenn der Stein keinen direkten Effekt mehr hat. Effekte, die wir auf andere Personen ausüben, werden durch diese an weitere Personen weitergeleitet.

Mögliche Formen des Fortwirkens sind beispielsweise politische, künstlerische, philosophische oder wissenschaftliche Welleneffekte.

Ein weiteres philosophisches Konzept ist die *symbolische Immortalität*. Dabei handelt es sich um den Gedanken, dass das eigene Leben einen Sinn hat, da die eigene Weltsicht von anderen geteilt wird. Damit kann sich jemand als Teil einer geistigen Gemeinschaft fühlen, die über den eigenen Tod hinaus weiterbesteht. Weitere Formen der symbolischen Immortalität können beispielsweise auch das Weiterleben durch die eigenen Nachkommen, religiöser Glaube hinsichtlich eines Jenseits, Auferstehung oder Wiedergeburt oder symbolische Immortalität durch das Erschaffen überdauernder Produkte/Kunstwerke sein.

Ein anderer Gedanke, der bei Todesangst hilfreich sein kann, stammt vom hellenistischen Philosophen Epikur. Er verstand sich als medizinischer Philosoph, da er das Ziel hatte, dass seine Gedanken für die Seele genauso wirksam sind wie Medikamente für den Körper.

Der Gedanke der Seelenruhe

Das wichtigste Ziel eines jeden Menschen ist es nach Epikur, Seelenruhe zu erreichen. Was die Menschen von der Seelenruhe abhalte, sei die Angst vor dem Tod. Deshalb müsse diese Angst aktiv reduziert oder aufgelöst werden. Epikur argumentiert, dass der Tod nicht gefürchtet werden muss, da wir ihn gar nicht wahrnehmen werden. „Was aufgelöst ist, kann nicht wahrnehmen, und was nicht wahrgenommen werden kann, ist für uns nichts. [...] Wo ich bin, ist der Tod nicht; wo der Tod ist, bin ich nicht" (Yalom, 2008, S. 84).

Außerdem liefert uns Epikur noch ein weiteres mächtiges Argument, um die Angst vor dem Tod zu reduzieren, das sogenannte *Symmetrie-Argument*.

Das Symmetrie-Argument

Das Symmetrie-Argument besagt, „dass der Zustand des Nichtseins nach dem Tod identisch mit dem Zustand des Nichtseins vor der Geburt ist. Und obwohl wir den Tod fürchten, empfinden wir kein Grauen, wenn wir an jenen früheren, identischen Zustand denken. Daher haben wir auch keinen Grund, den Tod zu fürchten" (Yalom, 2008, S. 297).

Dieser Gedanke wurde mehr als 2.000 Jahre später vom russisch-amerikanischen Schriftsteller Vladimir Nabokov (1999) wieder aufgegriffen und sehr schön bildhaft ausgedrückt:

> *Die Wiege schaukelt über einem Abgrund und der platte Menschenverstand sagt uns, dass das Leben nur ein kurzer Lichtspalt zwischen zwei Ewigkeiten des Dunkels ist. Obschon die beiden eineiige Zwillinge sind, betrachtet man in der Regel den Abgrund vor der Geburt mit größerer Gelassenheit als jenen anderen, dem man (mit etwa viereinhalbtausend Herzschlägen in der Stunde) entgegeneilt. (S. 19).*

Im Rahmen der Todesangst entwickeln viele Menschen den Wunsch, unendlich lange zu leben, damit es nie zum Erlöschen des Selbst kommt. In diesem Fall kann das *Gedankenexperiment des unendlichen Lebens* hilfreich sein (vgl. Noyon & Heidenreich, 2012). Wenn man den Gedanken zu Ende denkt, wie es wäre, wenn man ewig leben würde, stößt man unweigerlich auf die Konsequenz, dass wir keine Entscheidungen mehr treffen müssten, da wir diese immer auf einen späteren Zeitpunkt verschieben könnten:

> *Anders gesagt: Alle meine Handlungsoptionen wären ‚gleich-gültig' und somit dann auch im Einzelnen ‚gleichgültig', nämlich letztlich ohne Wert. […] Wertvoll sind uns in unserem Leben zumeist die seltenen Dinge. […] Die Quintessenz letztlich lautet: Wenn sich in unserem Leben im Grunde nur die potentiell zu verlierenden und seltenen Dinge wirklich wertvoll anfühlen, warum sollte es dann mit dem Leben selbst nicht genau so sein? Worin bestünde der Wert eines unendlichen Lebens? (Noyon & Heidenreich, 2012, S. 136).*

So ist es für den Menschen vor dem Hintergrund seiner Endlichkeit bei jeder Entscheidung nötig, sich zu fragen, wie wichtig und wertvoll die jeweilige Entscheidung mit ihren Konsequenzen ist, um im Nachhinein keine Reue über verpasste Chancen oder falsche Entscheidungen zu entwickeln. Unsere Entscheidungen sind gerade deswegen so kostbar, weil wir aufgrund unserer Endlichkeit als Menschen nur eine begrenzte Anzahl von Möglichkeiten haben.

Ein unendlich langes Leben hätte noch eine weitere Konsequenz, die vom Philosophen Friedrich Nietzsche besonders treffend herausgearbeitet wurde: Ab einem gewissen Zeitpunkt würde sich alles unendlich oft wiederholen. Das entsprechende Gedankenexperiment bildet in der Philosophie Friedrich Nietzsches ein zentrales Konzept, das er die „Ewige Wiederkunft des Gleichen" nennt.

Gedankenexperiment: Ewige Wiederkunft des Gleichen

Das Konzept besagt, dass sich alle möglichen Konstellationen des Universums bis in alle Ewigkeit unendlich oft wiederholen, da die Materie des Universums begrenzt und die Zeit unendlich ist. Die Konsequenz davon ist, dass sich jeder Aspekt unseres ganzen Lebens, jeder Moment, jede Handlung, jeder einzelne Gedanke und jedes Gefühl immer wieder genau gleich wiederholen würde. Diese „Vorstellung, dasselbe Leben immer und immer wieder bis in alle Ewigkeit zu leben, kann schauerlich sein, eine Art existentieller Mini-Schocktherapie. Sie dient häufig als ernüchterndes Gedankenexperiment, das einen dazu bringt, ernsthaft darüber nachzudenken, wie man wirklich lebt" (Yalom, 2008, S. 101).

Nach unserer Erfahrung ist für die meisten Menschen die Idee der Unsterblichkeit tatsächlich gar nicht allzu verlockend, beziehungsweise falls anfänglich doch, so können sie sich den oben dargestellten Argumenten meist sehr schnell anschließen und sich davon überzeugen, dass ein ewiges Leben tatsächlich nicht erstrebenswert ist. Deutlich verbreiteter ist hingegen die Vorstellung, dass das Leben „zu kurz“ ist („Ewig will ich nicht leben, aber 200 Jahre wären schon toll!“). Auch bei der Erörterung dieser Idee können ein paar Gedanken mitunter zu einer differenzierteren Perspektive verhelfen. Hilfreich ist hier beispielsweise die Tatsache, dass wir heutzutage eine etwa doppelt so hohe Lebenserwartung haben wie Menschen, die im 19. Jahrhundert geboren wurden. Wenn man Personen fragt, ob sie glauben, dass der heutige Mensch sein Leben „doppelt so sinnvoll“ findet wie der Mensch im 19. Jahrhundert und ob er glücklicher ist als die damals Lebenden, so verneinen sie in aller Regel.

Hinweis:

Die meisten von uns haben offenbar ein intuitives Verständnis dafür, dass der gespürte Lebenssinn beziehungsweise das personale Glück nicht quantitativ an die Lebenszeit gebunden ist. Es wird deutlich, dass es stärker um die Qualität als um die Quantität des Lebens geht – ein einzelner mit Wert und Sinn aufgeladener Moment kann ein Jahr des langweiligen Einerleis aufwiegen.

In eine ähnliche Richtung zeigen die Ergebnisse eines Gedankenexperiments, mit dem man sich mit der Rolle der Zeit noch stärker in Kontakt bringen kann.

Gedankenexperiment: 48-Stunden-Tag

Wenn man Menschen fragt, wie sie sich fühlen würden, wenn ihr Tag plötzlich 48 Stunden hätte statt der gegebenen 24 Stunden – während sich für alle anderen Menschen nichts änderte; also eine tatsächliche Verdoppelung der eigenen Zeit – dann ist die Primärreaktion meist euphorisch. Beim weiteren Nachdenken erkennen die meisten Menschen jedoch, dass es hochwahrscheinlich ist, dass der 48-Stunden-Tag schon nach einer vergleichsweise kurzen Zeit nichts Außergewöhnliches mehr wäre und somit die erlebte Lebensqualität bzw. das Gefühl von sinnvollem Handeln im Leben wieder auf das Ausgangsniveau zurücksinken würde.

Hiermit korrespondiert auch die Tatsache, dass die Menschen von heute aufgrund des technologischen Fortschritts objektiv weniger Zeit für Tätigkeiten wie Wäsche waschen oder Geschirr abspülen aufwenden müssen als Menschen früherer Generationen, dass wir aber im Durchschnitt keineswegs das Gefühl haben, mehr Zeit zu haben. Eine simple Zusammenführung von Lebenssinn, Lebensqualität und verfügbarer Zeit greift also zu kurz.

Eine interessante Ergänzung dieser Betrachtung der Lebensqualität ergibt sich aus einer Prüfung dessen, was das reale Leben tatsächlich ausmacht. Das, was Menschen tatsächlich erleben, ist stets die Gegenwart – die Vergangenheit ist schon vorbei, die Zukunft ist noch nicht da. Leben findet im unmittelbaren „Jetzt" statt. Wenn man Menschen fragt, wann sie sich am lebendigsten und sinnerfülltesten fühlen, dann beschreiben sie in der Regel Szenen, in denen sie in starkem Kontakt mit dem gegenwärtigen Moment in einer Handlung aufgehen – und dies dann sowohl in einem Zustand der Selbstvergessenheit („Ich war ‚im Tunnel', war ganz erfüllt von X, bin darin völlig aufgegangen") als auch in starkem Gegenwartsbezug („Ich habe nicht an Vergangenes oder Zukünftiges gedacht, sondern nur an das, was ich gerade gemacht habe").

Ein weiteres interessantes Merkmal dieses Zustandes großer Sinnerfüllung besteht darin, dass in diesen Momenten der Zeitbezug verloren geht. In der Regel „verfliegen die Stunden". All das sind Hinweise darauf, dass die Zeit in diesem Kontext eine relative Größe ist: Sinn summiert sich nicht über die Zeit hinweg auf und hat erst nach einer gewissen Anzahl Jahren einen Umfang angenommen, ab dem das Leben schlagartig als „sinnvoll" erlebt wird, während es vor Erreichung dieser kritischen Grenze noch „sinnlos" war. Vielmehr besteht das Leben aus einer Sequenz von Chancen, die, wenn sie genutzt werden, ein Sinngefühl entstehen lassen, und die, wenn sie nicht genutzt werden, auch in gegebener großer Zahl keinen Trost zu spenden vermögen.

Ein weiteres Gedankenexperiment mag diesen Aspekt noch auf eine andere Weise verdeutlichen.

Gedankenexperiment: Sinngefühl

Man stelle sich vor, dass sich zwei Personen jeweils Tätigkeiten widmen, die sie mit einem starken Sinngefühl erfüllen. Die eine Person hat noch ein langes Leben vor sich, die andere wird in einer Woche einen tödlichen Schlaganfall erleiden. Diese in der Zukunft liegenden Ereignisse können aufgrund ihrer Unbekanntheit auf die Gegenwart keine konkrete Auswirkung haben. Beide Personen werden im Hier-und-Jetzt gleichermaßen „glücklich" sein, unabhängig davon, dass die eine Person nur noch kurze Zeit zu leben hat.

Noch ein letzter Gedanke soll hier angeboten werden, um sich mit der Befürchtung auseinanderzusetzen, dass das Leben nicht lang genug sei; auch dies wieder in Form eines Gedankenexperiments.

Gedankenexperiment: Das Bewusstsein als Zweiwochenfenster

Der Leser wird dazu eingeladen, sich so genau wie möglich an das zu erinnern, was er gestern gemacht hat (wann aufgestanden, wann gefrühstückt, was den Tag über gemacht usw.). Dies soll dann für den vorgestrigen Tag, dann für den vorvorgestrigen Tag usw. wiederholt werden. Die meisten Leser werden bei Durchführung dieses Experiments bemerken, dass es ihnen schwerfallen dürfte, eine präzise Erinnerung von mehr als den letzten beiden Wochen zu bilden. Manche Personen schaffen einen Monat, manche nur einige wenige Tage. Vereinfacht kann man sagen, dass unser Bewusstsein so etwas wie ein Zweiwochenfenster ist, das über unseren Lebensstrahl gleitet. Nimmt man noch auf die Zukunft gerichtete Gedanken hinzu, dann wächst das Fenster vielleicht auf drei oder vier Wochen, doch sehr viel mehr wird es nicht sein.

Der hier demonstrierte Gedanke soll auf andere Weise illustrieren, dass sich Sinn und Wert nicht auf „viel Zeit" reduzieren lässt. Wirklich zu einem bestimmten Moment des Lebens verfügbar sind einem in etwa die vergangenen zwei Wochen und in der Vorausschau ein paar Tage in der Zukunft. Hinzu kommen noch die Erinnerungen an „große Ereignisse" aus der Vergangenheit. Diese sprengen den Zwei-Wochen-Aufmerksamkeitsrahmen, den die meisten von uns verfügbar haben, denn an sehr wichtige und zentrale Ereignisse erinnern wir uns jahrelang oder gar unser ganzes Leben. Doch diese Tatsache unterstreicht nur noch stärker den Aspekt, dass es um Qualität geht, nicht um Quantität.

Auch nach dieser Erörterung bleibt bei vielen Menschen ein Gedanke wie „Ja, Qualität vor Quantität, aber ich hätte *trotzdem* gerne mehr Zeit!" stehen. Manchmal wird dies näher begründet („mehr Gelegenheit, große Momente zu erleben"), manchmal nicht („ist einfach so"). Diese Tatsache rührt daher, dass – wie schon einige Male betont – die hier geschilderten Ideen keine „Beweiskraft" haben und unsere Sterblichkeit als Existenzial eben nicht wie ein Problem durch das richtige Vorgehen beseitigt und damit ausgetrickst werden kann. In diesem Sinne bleibt unser Dasein immer auf eine gewisse Weise tragisch, und es ist vollkommen nachvollziehbar, wenn jemand an der Perspektive des „zu wenig" hängen bleibt. Wenn es gelingt, die hier geschilderten Ideen zumindest zum Teil auf das eigene Leben und Sterben anzuwenden, dann kann die Lebenshaltung jedoch in etwas überführt werden, was der Wiener Psychiater Viktor Frankl als „tragischen Optimismus" bezeichnet hat. Dieses Verhältnis zur Welt kann aber nicht von außen aufgezwungen, sondern höchstens behutsam gefördert werden. Grundsätzlich besteht hier ein Angebotscharakter: Angehörige können Ideen wie die hier geschilderten anbieten, sollten aber nicht gekränkt oder enttäuscht reagieren, wenn diese nicht angenommen werden.

6 Was Angehörige tun können

Wenn eine nahestehende Person stirbt oder ihr Tod durch schwere Krankheit absehbar ist, dann wirkt sich das auf die Angehörigen auf vielfache Weise aus. Die Auseinandersetzung mit dem Rückzug und der möglichen Depressivität der sterbenden Person (z. B. dass diese die Augen geschlossen hält), das Mitansehen des körperlichen Verfalls, Versuche, die Ängste der Person vor dem Tod zu lindern oder die gedankliche Vorwegnahme der Einsamkeit nach dem Tod der geliebten Person – dies sind nur einige der Themen, die Angehörige von Sterbenden beschäftigen.

Oft müssen Angehörige in der Sterbephase einer nahestehenden Person wichtige Entscheidungen treffen, manchmal auf direkten Wunsch der Sterbenden, manchmal aber auch selbstständig im Interesse der Person. Natürlich sind neben den Bedürfnissen des Menschen am Lebensende auch jene der Angehörigen von großer Bedeutung. Die Begleitung eines Sterbenden kann außerordentlich belastend sein, sowohl körperlich als auch psychisch. Hinsichtlich der Frage, wie die Belastungen in dieser Zeit konkret aussehen, können beispielsweise familiäre Konflikte aus früheren Lebensphasen und eigene berufliche oder finanzielle Voraussetzungen eine wichtige Rolle spielen. Wir haben weiter oben beschrieben, wie wichtig es ist, den Bedürfnissen eines Menschen am Lebensende in seiner letzten Lebensphase einen besonderen Stellenwert einzuräumen. Dies kann aber an Grenzen stoßen, wenn die Angehörigen durch die anstehenden Aufgaben überfordert sind. Nicht selten fühlen sich Familienmitglieder ambivalent. Auf der einen Seite wollen sie sich ganz dem Menschen am Lebensende widmen, auf der anderen Seite bleibt die Zeit währenddessen aber nicht stehen und das „normale Leben“ läuft weiter und stellt dieselben Anforderungen wie immer. Hier eine Balance zwischen ausreichender Selbstfürsorge und angemessener Zuwendung zum Sterbenden zu finden kann sehr schwierig sein. Professionelle psychotherapeutische Begleitung der Angehörigen kann deshalb mitunter hilfreich sein. Auch Selbsthilfegruppen werden von vielen Angehörigen in der Sterbebegleitung als entlastend erlebt.

Wir möchten im Folgenden konkrete Aufgaben und Haltungen benennen, die Angehörigen in dieser schweren Zeit als Orientierung dienen können.

6.1 Das Lebensende benennen

Für alle Beteiligten, sowohl für die am Lebensende stehenden Personen selbst als auch für die Angehörigen und die medizinischen Fachpersonen, ist es oft schwierig, den Beginn des Sterbens zu erkennen. Dieses Erkennen kann durch Wunschdenken oder Illusionen erschwert werden. Es ist jedoch wichtig, diesen Moment ohne Verdrängungstendenzen wahrzunehmen, da es ab dann nicht mehr um Heilung und Lebensverlängerung geht, sondern um eine Maximierung der Qualität des noch verbleibenden Lebens.

Deshalb sollten die Themen Sterben und Tod bei der Begleitung von Personen am Lebensende behutsam, aber explizit zum Thema gemacht werden.

Hinweis:

In wissenschaftlichen Studien konnte nachgewiesen werden, dass Gespräche über Ängste, Behandlungsziele und Prognose mit einem ruhigeren und weniger von Ängsten und anderen Symptomen belasteten Sterbeverlauf einhergingen als bei Menschen, bei denen keine solchen Gespräche stattgefunden hatten (z. B. Block, 2001).

Über Sterben und Tod explizit zu sprechen ist für viele Menschen eine hohe Hürde. Nicht nur den Personen am Lebensende fällt dies häufig schwer, sondern oft auch ihren Angehörigen oder Personen aus dem professionellen Behandlungsteam. Ist diese Hürde aber einmal überwunden, kann sich dies für alle Beteiligten erleichternd auswirken.

Nicht alle Menschen können mit der klaren Benennung des Lebensendes gleich gut umgehen. Einige typische Reaktionen sind beispielsweise Stille, Sprachlosigkeit, Wut, Aggressivität, Trauer und Weinen. Als Angehörige sollte man in solchen Situationen vor allem Verständnis für die Reaktionen der nahestehenden Person zeigen oder gezielt nachfragen, z. B.: „Ich kann verstehen, dass du jetzt wütend bist“, „Es ist verständlich, dass dir zum Weinen zumute ist“, oder „Was geht dir gerade durch den Kopf?“

6.2 Keine Bagatellisierung und keine Übertreibung

In vielen Fällen ist mit einer schweren Erkrankung nicht sofort ein Todesurteil verbunden, sondern erst einmal eine mehr oder weniger lange medizinische Behandlungsphase, deren Erfolg unklar ist. Wenn aber beispielsweise die Diagnose „Krebs" im Raum steht, dann löst das bei vielen Betroffenen schnell auch Todesangst oder zumindest eine Beschäftigung mit Fragen rund um Tod und Sterben aus. Angehörige reagieren darauf mitunter aus Angst und Hilflosigkeit oder auch aus dem Bedürfnis nach Selbstberuhigung mit bagatellisierenden Floskeln („Das wird schon wieder, du musst nur daran glauben!"; „Keine Sorge, die Kontrolluntersuchung wird bestimmt nichts zeigen!"). Das kann dazu führen, dass sich die von der Erkrankung Betroffenen unverstanden fühlen und den Eindruck haben, sich mit ihren wirklichen Sorgen nicht an ihre Nächsten wenden zu können. Deshalb sind realitätsignorierende Allgemeinplätze wie die oben beispielhaft Genannten in aller Regel nicht günstig.

Natürlich gibt es unterschiedliche Stile, wie sich Personen zu einem existenziellen Schlag wie einer schweren Erkrankung verhalten. Wir gehen davon aus, dass eine Vermeidungsorientierung in den meisten Fällen nicht hilfreich ist. Ist die betroffene Person selbst beispielsweise sehr vermeidend und tut so, als wäre nichts, so kann dies damit einhergehen, dass notwendige Untersuchungen oder Behandlungsmaßnahmen nicht mit der Energie verfolgt werden, die erforderlich ist. Wenn Angehörige in einer solchen Situation mitvermeiden, dann geht dadurch möglicherweise wertvolle Lebenszeit verloren, die dem Betroffenen durch die volle Ausschöpfung des medizinischen Behandlungspotenzials noch gegeben worden wäre. Ist die betroffene Person selbst hingegen nicht vermeidend und beschäftigt sich mit ihrer Erkrankung aktiv und realitätszugewandt, so kann es durch eine Vermeidungsorientierung im sozialen Umfeld zu Spannungen und Belastungen kommen.

Hinweis:

Der günstigste Umgang seitens der Angehörigen besteht in einer möglichst realitätsgerechten Haltung zur Erkrankung ohne Verharmlosungstendenzen und natürlich – am anderen Extrem der Reaktionsdimension – auch ohne Katastrophisierung.

Eine solche realitätsangemessene Haltung geht damit einher, eine dem Ernst der Lage entsprechende Haltung einzunehmen, die für die Bewältigung der anstehenden Krise die maximale Handlungsfähigkeit sicherstellt. Sie ist damit beispielsweise auch dann hilfreich, falls die Person am Lebensende selbst katastrophisieren sollte und ihr von außen eine behutsame Korrektur in Richtung Realität ermöglicht werden soll.

Leben und Tod sind zwei Begriffe, die die Illusion eines einfachen Gegensatzes erzeugen. Die Realität sieht jedoch anders aus, so dass im Rahmen einer schweren Erkrankung der Wechsel von „schwerkrank" zu „sterbenskrank" fließend und unklar sein kann. Es kann somit ohne Weiteres sein, dass man es tatsächlich mit einem sterbenden Menschen zu tun hat, auch wenn das noch niemand in dieser Form genau weiß, beispielsweise weil auch von ärztlicher Seite sehr oft nicht klar gesagt werden kann, welche genauen Erfolgsaussichten bei einer bestimmten Person mit einer bestimmten Erkrankung gegeben sind. Damit gehört auch das Aushalten von Unsicherheit und Unklarheit zu den Fähigkeiten, die Angehörige wie Schwerkranke selbst im Gestalten einer solchen Krise benötigen. Nicht durch die Realität gedeckte Bagatellisierungen leisten hierzu genauso wenig einen Beitrag wie katastrophisierende Übertreibungen. In den meisten Fällen sind Angehörige am besten beraten, wenn sie sich beider Extreme enthalten und im Kontakt mit Schwerstkranken oder Sterbenden eher offen fragend auftreten („Wie genau hat der Arzt die Untersuchungsergebnisse kommentiert?"/„Wie fühlst du dich jetzt im Vorfeld der Untersuchung?"/„Was genau sind deine Ängste?"), statt plump beruhigend („Da wird schon alles gut gehen!"/„Siehst du, der Arzt hat doch gesagt, dass drei von vier Patienten fünf Jahre nach der Behandlung noch leben, das ist doch klasse!") oder apokalyptisch („Oh mein Gott, du wirst sterben! Was sollen bloß deine Kinder machen?"/„Was, der Arzt hat sich nicht auf eine Prognose festgelegt? Oh nein, das heißt bestimmt nichts Gutes").

6.3 Sich dem sterbenden Menschen widmen und für ihn da sein

Viele Menschen reagieren im Kontakt mit den Bereichen Tod und Sterben mit Fluchttendenzen und Vermeidung. Viele unserer Patienten berichten, dass sie es als sehr belastend erleben, dass ihnen Personen aus dem näheren Umfeld auf einmal auszuweichen beginnen.

Diese Ausweichtendenz ist durchaus nachvollziehbar, denn die Konfrontation mit dem Tod ist für die meisten von uns mehr oder weniger stark angsteinflößend und auch hilflosigkeitserzeugend. Menschen wissen mitunter einfach nicht, wie sie mit einer sterbenden oder schwer kranken Person umgehen sollen, haben Angst davor, etwas falsch zu machen und vermeiden deshalb lieber den Kontakt. Damit kommt zusätzlich zur ohnehin belastenden Situation für die Betroffenen noch ein weiterer erschwerender Faktor hinzu.

Hinweis: Grundregel im Umgang mit Sterbenden

Die wichtigste Grundregel im Umgang mit Sterbenden lautet, sich als nahestehende Person nicht zu entziehen, sondern die eigenen Ängste möglichst zu überwinden und sich der betroffenen Person zuzuwenden. Die Konfrontation mit Tod und Sterben löst häufig Ängste um das eigene Leben aus. Sich einem sterbenden Menschen zuzuwenden, bedeutet häufig, auch über die eigene Sterblichkeit intensiver nachzudenken. Das ist unvermeidbar. Diese Auseinandersetzung ist jedoch durchaus auch für Personen fruchtbar, in deren Leben der Tod noch keine persönliche Rolle spielt.

Deshalb laden wir explizit dazu ein, die Angst vor der Auseinandersetzung mit der eigenen Sterblichkeit zu überwinden und mit der betroffenen Person in Kontakt zu treten.

In Bezug auf das Hilflosigkeitserleben möchten wir unterstreichen, dass auch dies eine völlig normale Reaktion ist. Viele Menschen glauben, dass sie etwas Konkretes tun müssen, um für den sterbenden Menschen hilfreich zu sein. Auch hier zeigt sich unsere relativ verbreitete Problemlösungsorientierung: „Ich fühle mich nur dann sicher und kompetent, wenn ich dabei helfen kann, ein Problem aus der Welt zu schaffen.“ Da unsere Sterblichkeit aber kein Problem, sondern eine unabänderliche Tatsache ist, kann ein problemorientiertes Denken an dieser Stelle sehr leicht zu erlebter Hilflosigkeit und damit Vermeidung führen.

Hinweis:

Sterbende Menschen brauchen nicht in erster Linie oder gar ausschließlich „Problemlöser“. Sie brauchen Menschen, die sich ihnen zuwenden und all die Gefühle, die sie in ihrer letzten Lebensphase erleben, mit ihnen gemeinsam aushalten. Man kann es vereinfacht so ausdrücken: Hier ist von den Angehörigen kein „Tun“ gefragt, sondern einfach nur „da sein“. In der Grundhaltung ist hier somit ein unaufdringlich präsentes aktives Zuhören gemeint.

Bei aktivem Zuhören wird Wert darauf gelegt, dass eine wirkliche Begegnung entsteht. Emotionale Äußerungen und nicht sprachliche Kommunikation spielen dabei eine wichtige Rolle. Ebenfalls wichtig sind eine offene Grundhaltung, echtes und ehrliches Auftreten sowie die Akzeptanz des Gegenübers. Die eigene Meinung sollte bei aktivem Zuhören in den Hintergrund treten, wodurch dem Gegenüber Raum gegeben wird. Im Folgenden finden sich einige Beispiele, wie auf Klagen oder Leidensäußerungen einer Person am Lebensende reagiert werden kann:

- Kurze Bestätigung oder Nachfragen, ohne Überflüssiges zu sagen („Mehr zuhören, weniger reden“).
- Die Gefühle der Person benennen und Raum für weitere Ausführungen geben.
- Nicht-sprachliche Kommunikation wie Hinwendung des Oberkörpers und des Kopfes, Augenkontakt, Nicken.
- Geduld, das heißt die Person nicht unterbrechen, sondern ausreden lassen.

Aktiv zuzuhören bedeutet jedoch gerade nicht, Ratschläge zu erteilen oder Vorschläge zu machen. Dies ist Personen am Lebensende gegenüber oft unangemessen und entspringt eher der Hilflosigkeit der Angehörigen und ihrem Wunsch, doch etwas „tun zu können“. Wir empfehlen, solche Impulse achtsam wahrzunehmen und ihnen nicht automatisch zu folgen.

6.4 Letzte Wünsche und unabgeschlossene Themen besprechen

Personen am Lebensende äußern manchmal Wünsche, die sie sich noch erfüllen möchten oder unabgeschlossene Themen, die sie gerne noch bearbeiten würden. Häufig betreffen diese Themen die folgenden Fragen:

- Wo möchte ich sterben?
- Welche Menschen möchte ich beim Sterben um mich haben?
- Welche Personen möchte ich vorher noch einmal sehen, um mich zu verabschieden?
- Wem möchte ich etwas aufschreiben?
- Wie und wo wünsche ich mir meine Bestattung?

Einige Personen am Lebensende äußern individuelle Wünsche, die sie sich vor ihrem Tod noch erfüllen möchten, beispielsweise Reisen an besondere Orte. Menschen können darin unterstützt werden, solche Wünsche zu verwirklichen. Oft sind diese jedoch nicht mehr realistisch und müssen soweit modifiziert werden, dass sie mit den realen Gegebenheiten nicht in Konflikt geraten.

6.5 Lebensrückblick

Wenn Menschen nur noch wenige Wochen oder Monate zu leben haben, gibt es eine strukturierte Herangehensweise, die von Psychotherapeuten vermehrt angewandt wird: den therapeutischen Lebensrückblick (Maercker & Forstmeier, 2013). Bei einem therapeutischen Lebensrückblick geht es um das angeleitete Erinnern an bestimmte zentrale Lebensphasen und wichtige Erfahrungen. Manche sterbende Menschen erleben eine solche Rückschau auf das gesamte bisherige Leben als wohltuend und befriedend, im Sinne einer „Abrundung“ des Lebens. Die Kurzform des Lebensrückblicks (Ando et al., 2010) kann durchaus auch von einfühlsamen Angehörigen durchgeführt werden. In vier verschiedenen Gesprächen werden jeweils die folgenden vier Lebensphasen besprochen (modifiziert nach Maercker & Forstmeier, 2013):

1. *Kindheit:* Fragen zu den Lebensumständen des Aufwachsens, zu Eltern, Geschwistern, und anderen Aspekten, die die ersten Lebensjahre geprägt haben.
2. *Jugend:* Fragen zu Beziehungen zu Gleichaltrigen, zu Schule, Berufswahl, Hobbys, wichtigen Beziehungen, Partnerschaften, der Familie und allgemein Aspekten, die schon beginnend in der Kindheit, vor allem dann aber in der Jugend eine Idee davon vermittelt haben, was für ein Mensch, was für eine Persönlichkeit der Betroffene einmal werden wird.
3. *Erwachsenenalter:* Fragen zu wichtigen Ereignissen, Selbstbild, Arbeit, Beziehungen, Familie, Glauben usw., also nach allen Aspekten, die die Person als Erwachsenen auszeichnen und den Menschen ausmachen, der er geworden ist. Falls beim Betroffenen eine (chronische) Krankheit vorliegt, die im Zusammenhang des bevorstehenden Lebensendes bedeutsam ist, so ist natürlich auch diese in die Fragen einzubeziehen.
4. *Integration:* Zusammenfassung und Bewertung des Lebens, Zusammenschau aller wichtigen Lebensereignisse, persönlicher Errungenschaften, gegebenenfalls der Auswirkungen der Erkrankung auf das eigene Leben; die glücklichsten, unglücklichsten und stolzesten Momente im Leben; Lebenszufriedenheit, Ängste und Hoffnungen.

Eine zusätzliche Möglichkeit ist es, das Besprochene von Gespräch zu Gespräch in einem kleinen Album mit passenden Fotos oder Zeichnungen aus Büchern und Zeitschriften zusammenzufassen. Auch kann im Lebensrückblick besprochen werden, wie die Person zu einem akzeptablen Abschluss ihres Lebens kommen kann.

Standardfragen für den Lebensrückblick (Ando et al., 2010)

- Was war und ist das Wichtigste in deinem Leben und warum?
- Was sind die lebhaftesten oder prägendsten Erinnerungen deines Lebens?
- Welches Ereignis oder welche Person prägte dich am meisten?
- Was war die wichtigste Rolle, die du in deinem Leben eingenommen hast?
- Was war der stolzeste Moment in deinem Leben?
- Gibt es etwas, das deine Familie unbedingt über dich wissen sollte?
- Gibt es Dinge, die du deinen Familienmitgliedern noch erzählen oder mitteilen willst oder die sie in Erinnerung behalten sollen?
- Welche Ratschläge hast du für die wichtigsten Menschen in deinem Leben und was möchtest du ihnen mitgeben?

Ein ähnlicher Ansatz wie der therapeutische Lebensrückblick ist die sogenannte Würdetherapie, die entwickelt worden ist, um das Sterben in Würde zu unterstützen. Als Resultat aus Gesprächen mit der Person am Lebensende entsteht ebenfalls ein Dokument, das die wichtigsten Abschnitte des vergangenen Lebens beinhaltet und anschließend den wichtigsten Angehörigen übergeben werden kann. Wie beim Lebensrückblick steht eine Reihe von Standardfragen als Einstieg in das gemeinsame Gespräch zur Verfügung:

Standardfragen in der Würdetherapie (nach Chochinov et al., 2005)

- Willst du mir ein wenig über deine Lebensgeschichte erzählen, besonders darüber, woran du dich am besten erinnerst oder was du für das Wichtigste deines Lebens hältst?
- Gibt es bestimmte Dinge, die deine Familienmitglieder noch über dich erfahren oder an die sie sich erinnern sollen?

- Was waren deine wichtigsten Taten und worauf bist du besonders stolz?
- Gibt es bestimmte Dinge, die du deinen Angehörigen noch sagen möchtest, zum ersten Mal oder noch einmal?
- Was sind deine Hoffnungen und Wünsche für deine Liebsten?
- Was hast du über das Leben gelernt, das du anderen mitgeben möchtest? Welchen Rat oder welche Lebensweisheiten möchtest du gerne weitergeben?
- Gibt es andere Dinge, die dir während dieses Gesprächs für das bleibende Dokument eingefallen sind und die du noch anfügen möchtest?

Für den entstehenden Text, welcher der Person am Lebensende vorgelegt, zusammen mit ihr noch einmal besprochen und korrigiert wird, kann die Person einen treffenden Satz oder eine treffende Überschrift formulieren, z. B. „Das Leben war gut“ oder „Ich wünsche meiner Familie ein Leben in Zufriedenheit“. Das so entstandene Dokument wird der Person in mehreren Kopien übergeben, sodass sie es nach eigenem Ermessen Angehörigen und Bezugspersonen weitergeben kann.

Mehrere wissenschaftliche Studien haben gezeigt, dass diese Methode nicht nur sehr wirksam ist, um Depressivität und Ängste zu reduzieren, sondern dass sie auch zur Steigerung des empfundenen Lebenssinns beitragen kann (Oh & Shin, 2014).

6.6 Die organisatorische Seite des Todes

Neben all den tiefgreifenden Aspekten, die mit Tod und Sterben verbunden sind und uns als Menschen zutiefst bewegen, zeigt sich der Tod auch von einer profan-alltäglichen Seite; es muss vieles geregelt und organisiert werden. Auf der einen Seite geht es, wie in den bisherigen Abschnitten aufgezeigt, um menschliche, weitreichende und bedeutungsvolle Dinge wie das persönliche Weltbild, die Trauer und den Verlust. Auf der anderen Seite geht es genauso real um Testamente, Handypasswörter und Bankvollmachten. Das eigene Sterben will nicht nur verkraftet, sondern es muss auch „geregelt“ werden. Die meisten Menschen, die reflektiert mit dem Tod umgehen, denken sehr schnell und früh an diese Dinge. Mitunter trauen sie sich aber nicht, sie offen auszusprechen, weil sie einerseits vielleicht profan und unwichtig erscheinen und andererseits dem Tod selbst aber noch einmal eine erschreckend reale Note geben – wer ein Testament schreibt, der „unterschreibt“ damit gewissermaßen ganz offiziell seine Sterblichkeit, ja vielleicht sogar seinen baldigen Tod.

In jedem Fall spielen die Angehörigen aber auch im Rahmen der Organisation des Todes eine wesentliche Rolle. Sie sollten den sterbenden Menschen nach Kräften dabei unterstützen, seinen Tod so zu organisieren, dass sich zur natürlich bestehenden emotionalen Belastung nicht noch zusätzliche vermeidbare weltliche Sorgen hinzugesellen. Durch entsprechende Vorbereitung kann die letzte Lebensphase einer Person so entlastet werden, dass sie diese Zeit im Gefühl verbringen kann, dass für alles nach ihrem Tod so weit wie möglich gesorgt ist. Auch für die Angehörigen selbst ist diese rechtzeitige Vorbereitung unmittelbar entlastend, da beispielsweise Behörden- oder Bankgänge in der Traurigkeit nach einem Todesfall noch sehr viel schwerer fallen als zu einer Zeit, wo die betreffende Person noch lebt – ganz abgesehen von tatsächlichen Erschwernissen, wenn Unterschriften nicht mehr gegeben oder Passwörter nicht mehr genannt werden können.

Die Organisation des Todes ist einer der wenigen Aspekte in diesem sonst so schwierigen Bereich, die zumindest teilweise sachlich und informationsorientiert ablaufen kann. Es gibt die unterschiedlichsten Dienstleistungen, die in diesem Rahmen hilfreich sein können (z. B. Webseiten oder Bücher). Eine sehr informative Quelle ist die Bundeszentralstelle Patientenverfügung (www.patientenverfuegung.de). Im Internet findet sich jedoch eine Vielzahl weiterer Quellen. In Kapitel 7 des vorliegenden Bandes gehen wir unter anderem detailliert auf das Thema Patientenverfügungen ein.

6.7 Auf den Ausdruck von Hoffnung eingehen

Viele Personen am Lebensende denken zweigleisig und fühlen sich ambivalent: Im einen Moment zeigen sie, dass sie der Realität ihrer Situation gewachsen sind, um sich im nächsten Moment Hoffnungen hinzugeben und realitätsferne Fantasien oder übertriebenen Optimismus zu äußern. Als Angehörige steht man dann im Zwiespalt, ob eine Betonung der Realität notwendig ist. Dies kann beispielsweise dann der Fall sein, wenn eine Krankenhaus-, Pflegeheim- oder Hospizeinweisung ansteht.

Hinweis:

Die Konfrontation mit der Realität in Bezug auf Hoffnungen sollte respektvoll und vorsichtig geschehen, um der Person am Lebensende genügend Zeit zu geben, das Gesagte zu verarbeiten.

Trotzdem kann das Eingehen auf Hoffnungen starke emotionale Reaktionen wie Depressivität, Ängste oder Wut auslösen, auf die mit viel Zuwendung reagiert werden sollte.

6.8 Auf Sterbewünsche eingehen

Sterbewünsche von Personen am Lebensende äußern sich in Sätzen wie „Lasst mich sterben“ oder „Ich will nicht mehr“. Aus Hoffnungslosigkeit und Überforderung mit ihrer aussichtslosen Lage kommt es bei vielen Menschen zu Suizidgedanken oder zum Wunsch nach einer Beihilfe zum Suizid. Solche Wünsche können wiederholt auf unmissverständliche Weise ausgedrückt werden. Es kommt allerdings auch oft vor, dass die Sterbenswünsche unvorhergesehen wechseln und instabil sind. Das folgende Beispiel illustriert dies eindrücklich:

> *Eine sterbenskranke Patientin, die durch Infusionen […] ernährt wird, äußert den Wunsch, bald sterben zu dürfen. Sie bedauert es, dass ihr dabei keiner „helfen“ kann. Als sie das nächste Mal den Sterbewunsch thematisiert, wird ihr von einer ehrenamtlichen Begleiterin vorgeschlagen: „Dann könnte man auf die Infusion verzichten […].“ Die Patientin schaut entsetzt und sagt: „Aber dann sterbe ich ja!“ (Dietrich, 2014, S. 26/27).*

Problematisch ist es bei solchen Wünschen insbesondere, sich auf den Standpunkt der Gesetzeslage des Verbots respektive der Bedingungen für assistierten Suizid zurückzuziehen.

Hinweis:

Wird der Suizidwunsch der Person am Lebensende ignoriert und nicht besprochen, so bleibt die Person in ihrer Hoffnungslosigkeit und Überforderung alleine. Der Gesprächspartner sollte die geäußerte Notsituation mit der Person am Lebensende einfühlsam besprechen, Verständnis dafür äußern, jedoch trotzdem eine neutrale Position einnehmen.

Zudem können suizidgefährdete Personen am Lebensende ermutigt werden, ihre Suizidfantasien auszusprechen. Die Person am Lebensende kann bei der Schilderung ihrer Gedanken erleben, dass ihr jemand zuhört, ihre Gedanken ernst nimmt und sie nicht verurteilt.

Wenn Suizidgedanken nicht aktiv geäußert, vom Gegenüber jedoch vermutet werden, kann mit der folgenden Aussage ein Gespräch begonnen werden, das der gedanklichen Einengung aufgrund der Suizidalität entgegenwirkt (Engelke, 2012): „Ich habe den Eindruck, dass du nicht mehr leben willst."

Offen bleibt jedoch immer, ob es gelingen kann, eine Person am Lebensende daran zu hindern, sich zu suizidieren. Im günstigen Fall kann es gelingen, mit der suizidgefährdeten Person am Lebensende zusammen eine alternative Möglichkeit zu ihrem Suizidwunsch zu finden und zu verwirklichen.

6.9 Der Umgang mit Kindern von Sterbenden

Es wurde im vorangegangenen Text an mehreren Stellen deutlich, dass Hilflosigkeit und Unsicherheit im Umgang mit Tod und Sterben eine wichtige Rolle spielen können. Besonders schwierig und belastend können diese Aspekte werden, wenn auch Kinder vom Sterben einer Person betroffen sind, diese also beispielsweise einen Elternteil verlieren.

Hinweis:

Wenn eine Person Kinder hat und von einer tödlichen Erkrankung bedroht ist, dann ist es für den Betroffenen häufig das Schmerzlichste überhaupt, die Kinder allein lassen zu müssen und nicht mehr für sie da sein zu können. Außerdem sind viele Menschen völlig mit der Frage überfordert, wie sie mit ihren Kindern über ihr Sterben sprechen sollen.

Natürlich hängt dies stark vom Alter der Kinder ab – aber in jedem Fall ist die Frage des Umganges mit den Kindern besonders wichtig und schwierig. Die meisten Menschen haben Angst davor, ihren Kindern die Wahrheit zu sagen, weil sie befürchten, die Kinder damit zu stark zu belasten. Tatsache ist aber, dass es letztlich keine Möglichkeit gibt, ein Kind vor der Realität zu schützen und es in eine Illusion zu hüllen. Außerdem ist es zumeist so, dass Kinder sehr viel früher „irgendetwas wittern“ als Erwachsene ihnen dies in der Regel zutrauen würden. Ablenkungsversuche wie ein Vor-sich-Herschieben des Gesprächs sind somit nicht nur sinnlos, weil irgendwann sowieso die Wahrheit angesprochen werden muss, sondern verunsichern ein Kind nur noch mehr, weil sein Gespür in Widerstreit gerät mit dem, was die Erwachsenen ihm sagen.

Hinweis: Den Kindern beistehen

Letztlich geht es darum: Der Tod von Vater, Mutter oder eines anderen nahen Angehörigen ist für ein Kind unendlich traurig, und es gibt keine Möglichkeit, dies zu verhindern – Trauervermeidung kann nicht funktionieren. Deshalb ist eine Orientierung an der Realität, soweit wie dies möglich ist, der beste Weg (vgl. Wolfelt, 2013). Hierbei müssen sich die beteiligten Erwachsenen von vornherein klarmachen und darauf vorbereiten, dass dies für die Kinder traurig wird und dass sie als Erwachsene gefordert sind, den Kindern beizustehen. Hier sollten unbedingt alle Erwachsenen, die für ein Kind als Bezugspersonen eine zentrale Rolle spielen, gemeinsam handeln und sich darin absprechen, wie den Kindern in dieser schweren Zeit beizustehen ist.

Hinweis für Angehörige:

Wenn Sie als Angehöriger einer sterbenskranken Person miterleben, dass den Kindern gegenüber eine Vermeidungs- und Bagatellisierungstaktik aufrechterhalten wird, dann sollten Sie den Betroffenen auf diesen Aspekt ansprechen. Dies kann enorm belastend sein und als konfrontativ erlebt werden, aber einerseits ist diese Belastung sowieso nur eine Frage der Zeit und andererseits kommt hier auch der ethische Aspekt des Kindeswohls hinzu. Deshalb müssen Menschen gegebenenfalls zwar sanft, aber letztlich konsequent auf die Notwendigkeit dieser Öffnung den Kindern gegenüber hingewiesen werden.

Für viele kann diese Aufgabe überwältigend erscheinen, weshalb in solchen Fällen eventuell eine therapeutische Begleitung angezeigt ist. Dann kann der Umgang mit den Kindern in dieser Therapie beziehungsweise Beratung ausgiebig vorbereitet und begleitet werden, um die Schritte für alle Beteiligten so erträglich wie möglich zu gestalten. Das erste Gespräch mit den Kindern sollten die Eltern und die Kinder dann auf jeden Fall alleine führen. Wenn gewünscht, kann das Setting später auch verändert und ausgeweitet werden (z. B. ist es für manche Kinder sehr unterstützend, wenn sie einmal bei einer Untersuchung beim Arzt dabei sein können – vorausgesetzt, dass der behandelnde Arzt damit einverstanden ist). Auch eine „Familiensitzung“ bei einem Therapeuten kann sehr sinnvoll sein, aber erst nach dem Gespräch der Eltern mit ihren Kindern.

Neben der Trauer der Kinder ist natürlich auch die Trauer des sterbenden Erwachsenen wichtig, bald nicht mehr bei den Kindern zu sein, nicht mehr an deren Leben teilhaben und wichtige Lebensabschnitte miterleben zu können, oder ihnen nichts mehr sagen zu können. Dies ist umso schlimmer, je kleiner die Kinder sind, und umso schlimmer, je näher der Erwachsene den Kindern steht. Am härtesten wird es in der Regel für ein Elternteil sein; aber auch Tanten, Onkel oder Großeltern können hier natürlich sehr leiden. In diesen Fällen kann es tröstend sein, in der Zeit, die einem noch verbleibt, eine Art Tagebuch, Gedenkbuch, Fotoalbum oder Ähnliches für die Kinder für die Zeit nach dem eigenen Tod zu erstellen (vergleichbar mit den in Kapitel 6.5 im Kontext „Lebensrückblick“ beschriebenen Dokumenten). Hier kann alles festgehalten werden, was die Person noch an Botschaften für die Kinder aufbewahren möchte.

6.10 Der schlimmstmögliche Fall: Wenn Kinder sterben

Vermutlich die furchtbarste Situation, die einem Menschen überhaupt widerfahren kann ist, das eigene Kind sterben sehen zu müssen. Dieser zutiefst widernatürliche Verlust ist mehr, als viele Menschen ertragen können. Nicht selten führt dies bei Menschen aus dem näheren Umfeld der Betroffenen selbst zu völliger Hilflosigkeit und für die Betroffenen selbst – in der Regel natürlich in allererster Linie für die Eltern – zu absoluter Verzweiflung. Aber auch professionelle Berufsgruppen, wie zum Beispiel Ärzte, die schwerstkranke Kinder behandeln, geraten in dieser Situation häufig an die Grenze dessen, was überhaupt noch erträglich ist (vgl. Bearison, 2012). Die Realität eines sterbenden Kindes widerspricht so sehr allem, was einen Menschen ausmacht, dass eine Akzeptanz dieses Schicksals in der Regel erst einmal vollkommen unmöglich erscheint. Deshalb stemmen sich zum Beispiel Eltern krebskranker Kinder völlig verständlicherweise häufig bis zuletzt gegen diesen Verlust und halten auch gegen jede ärztliche Stellungnahme und andere Zeichen der Unvermeidlichkeit des Sterbens des Kindes an der Hoffnung fest, es könne gerettet werden. Ein solches aussichtsloses Festhalten an einer leider fruchtlosen Hoffnung im Gegensatz zu einer bewussten Hinnahme des anstehenden Verlusts ist weder für das betroffene Kind noch für die Eltern gut (vgl. z. B. Kars et al., 2011). Erwachsene Angehörige oder Freunde, die Eltern in dieser furchtbaren Zeit zur Seite stehen, sollten diesen Aspekt so gut es geht beachten. Denn um die Tragödie eines Kindesverlusts psychisch überhaupt überstehen zu können, sollte vermieden werden, dass die Eltern sich später im Rückblick den Schuldgefühlen stellen müssen, ihrem Kind die letzte Lebensphase nur noch erschwert zu haben – ganz abgesehen davon, dass natürlich das Kindeswohl in dieser Situation an allererster Stelle steht und das Kind nicht zusätzlich zum eigenen Leiden und Sterben noch miterleben soll, wie seine Eltern am verzweifelten Festhalten zerbrechen. Eltern sollten in dieser Phase am besten durch spezialisierte Therapeuten begleitet werden, die sowohl die Situation der Eltern als auch der Kinder im Blick behalten können. Doch letztlich ist hier eine nicht spezialisierte Betreuung besser als gar keine Betreuung, weshalb natürlich auch Angehörige aufgerufen sind, sich, so gut es ihnen möglich ist, den betroffenen Erwachsenen zuzuwenden. Alles in den vorangegangenen Kapiteln Dargestellte gilt nun in seiner äußersten menschlichen Form.

Hinweis:

Wenden Sie sich dem Betroffenen zu, ducken Sie sich nicht weg vor dem Schmerz, der Qual und der Verzweiflung, die vermutlich in jeder Begegnung in der Luft hängen werden, und bieten Sie sich als menschlicher Begleiter an, der seine Ohnmacht angesichts des Schicksals eingesteht und das leistet, was in dieser Situation einzig noch möglich ist – verlässlichen menschlichen Beistand. Machen Sie sich auf ein Wechselbad der Gefühle gefasst – und gehen Sie diese Wechsel auch mit.

Denn gerade dann, wenn es den Betroffenen gelingt, das kommende Schicksal zu akzeptieren und sich darauf zu konzentrieren, ihrem Kind die beste letzte Zeit zu bereiten, die möglich ist, kann es sein, dass es noch einige sehr schöne, gar von Freude erfüllte Momente geben wird. Die Tragik wird unter dieser Freude immer spürbar bleiben, doch es ist trotzdem Freude, und gerade im Interesse des Kindes sollte diese gelebt und gefördert werden. Leisten Sie, wenn Sie dieses Buch als Angehörige lesen, hier den Beitrag, der Ihnen möglich ist. Wenn Sie diesen Text als selbst betroffener Elternteil lesen, gilt Ihnen an dieser Stelle zu allererst unser tiefstes Mitgefühl – niemand sollte das erleben müssen, was Sie gerade durchmachen. Versuchen Sie, so gut es Ihnen möglich ist, die hier beschriebenen Gedanken nachzuvollziehen und für Ihr Kind nun das Beste zu versuchen. Suchen Sie sich zusätzlich Unterstützung bei anderen Menschen, beispielsweise den hier schon mehrfach angesprochenen Therapeuten – es ist vollkommen normal, wenn man die Katastrophe, die Sie gerade erleben, nicht aus eigener Kraft überstehen kann.

Wenn der Tod eines Kindes plötzlich kommt (z. B. durch einen Unfall oder eine medizinisch sofort tödliche Komplikation), dann fehlt der in den letzten Absätzen beschriebene Sterbe- und Begleitungsprozess. Die Betroffenen werden dann häufig in einen Schockzustand geraten. Auch in diesen Fällen ist eine tatkräftige Unterstützung durch das soziale Umfeld enorm wichtig. Bieten Sie sich an, übernehmen Sie Aufgaben, und halten Sie sich bereit für den Moment, in dem beispielsweise Fragen wie die zurückblickende Aufarbeitung des Geschehenen oder die Frage nach dem nun noch verbleibenden Sinn für die Zukunft anstehen. Die Verarbeitung des Verlusts eines Kindes ist in vielen Fällen mehr, als Eltern verkraften können. Leider ist dies eine der Situationen, in der das ansonsten durchaus gültige Sprichwort vom „geteilten Leid“ kaum wirkt, eher im Gegenteil: „Einer der Mythen über Verlust ist, dass ein geteilter Verlust ein Paar näher zusammen bringt. Die schmerzliche Tatsache, die Paare nach dem Verlust eines Kindes allerdings erfahren müssen, ist, dass der Verlust die Partner voneinander isolieren kann, gerade dann, wenn sie einander eigentlich am dringendsten brauchen“ (Rosof, 2014, S. 91; Übers. d. A.). Gerade auch deshalb sind beim Verlust eines Kindes andere Helfer wie beispielsweise die Angehörigen so wichtig, weil sie zumindest nicht im selben Ausmaß in ihre eigene Trauer verstrickt sind und sich deshalb besser auf den Trauernden einstellen können. Natürlich gilt es hier aber zu beachten, wie stark man als Angehöriger doch auch selbst betroffen ist.

Hinweis:

Aufgrund der gravierenden Probleme, die die Verarbeitung des Todes eines Kindes mit sich bringen kann, ist es in dieser Situation grundsätzlich zu empfehlen, dass die am schwersten Betroffenen – also in der Regel die Eltern – sich jeder für sich einen außenstehenden professionellen Helfer suchen und mit diesem an der Trauer in der für sie jeweils passenden Weise arbeiten. Dies ist insbesondere deshalb einem ausschließlichen gemeinsamen Verarbeiten vorzuziehen, weil Trauerprozesse individuell höchst unterschiedlich ablaufen und der Individualität des Schmerzes und der Trauer in einem Einzelsetting besser zu begegnen ist.

7 Patientenverfügung und Vorausplanung

> **Hinweis:**
>
> Für den Fall, dass es bei einer Person am Lebensende zu Einwilligungs*un*fähigkeit kommt, kann es für das Behandlungsteam und die Angehörigen hilfreich und zugleich erleichternd sein, wenn eine Patientenverfügung der Person vorliegt. Für das Behandlungsteam ist es rechtlich verpflichtend, eine vorliegende Patientenverfügung einzuhalten.

Bei der Interpretation und Umsetzung besteht jedoch immer ein gewisser Ermessensspielraum (Trachsel, Mitchell & Biller-Andorno, 2013).

Grundsätzlich existieren zwei verschiedene Formen der Patientenverfügung. Die erste Form ist eine Patientenverfügung, in der eine gesetzliche Vertretungsperson für den Fall der Einwilligungs*un*fähigkeit ernannt wird. In der zweiten Form der Patientenverfügung werden Grundhaltungen, Einstellungen zu wichtigen medizinischen Themen oder konkrete Handlungsanweisungen für den Fall der Einwilligungs*un*fähigkeit vorausverfügt.

Diese zweite Form der Patientenverfügung kann weiter unterteilt werden in zielorientierte und maßnahmenorientierte Patientenverfügungen. In einer zielorientierten Patientenverfügung werden eher grundsätzliche Wünsche, Werte oder Ziele zum Ausdruck gebracht (z. B. „Im Fall eines Komas will ich nicht mit künstlichen Mitteln am Leben erhalten werden"). Solche zielorientierten Formulierungen lassen dem Behandlungsteam einen mehr oder weniger großen Spielraum bei der Interpretation und Umsetzung der Verfügung. In einer maßnahmenorientierten Patientenverfügung hingegen werden mehr oder weniger detaillierte Aussagen zu ganz bestimmten medizinischen Interventionsmöglichkeiten gemacht (z. B. „Im Fall einer bakteriellen Lungenentzündung will ich keinerlei antibiotische Behandlung erhalten"). Eine maßnahmenorientierte Patientenverfügung lässt weniger Freiheiten bei der Interpretation und Umsetzung. Das Behandlungsteam hat sich an den Wortlaut der Verfügung zu halten. Eine maßnahmenorientierte Patientenverfügung geht im optimalen Fall deshalb mit einer möglichst umfassenden Informationsvermittlung vor der Abfassung derselben durch die betreffende Person einher. Für eine ältere Person ist es zum Beispiel enorm relevant, über die möglichen Folgen und über die weitere Prognose einer Reanimation nach einem Herz-Kreislaufstillstand gut informiert zu sein, bevor sie sich in einer Patientenverfügung für oder gegen eine solche Maßnahme ausspricht.

Es ist wichtig zu wissen, dass die Inhalte einer Patientenverfügung vom Behandlungsteam unabhängig von der Art und Schwere einer bestimmten Erkrankung berücksichtigt werden müssen (Vollmann, 2012). Zum Beispiel müssen grundsätzlich auch Patientenverfügungen von Personen mit psychischen Erkrankungen berücksichtigt werden. Die verfassenden Personen haben jedoch kein sogenanntes Anspruchsrecht, das heißt, sie haben beispielsweise nicht das Recht, eine bestimmte Behandlung zu verlangen, speziell dann, wenn diese aus medizinischer oder psychologischer Sicht nicht als nützlich erachtet wird. Personen haben hingegen das Recht, sich für oder gegen eine als sinnvoll erachtete Behandlung auszusprechen (Trachsel, Mitchell & Biller-Andorno, 2013).

Für die rechtliche Gültigkeit einer Patientenverfügung wird im deutschsprachigen Raum die schriftliche Form verlangt. Zusätzlich muss die Verfügung die Unterschrift der volljährigen Person enthalten, die sie verfasst hat. Die Person muss beim Verfassen der Verfügung zwingend die Anforderung der Einwilligungsfähigkeit erfüllen, sie darf nicht unter Druck oder Zwang stehen und sie sollte hinsichtlich der vorausverfügten Entscheidung und der Alternativoptionen so gut wie möglich informiert sein. Eine notarielle Beglaubigung ist nicht nötig.

Hinweis:

Hinter dem Konzept der Patientenverfügungen steht grundsätzlich die Idee, sicherzustellen, dass Patienteninteressen, die zum Zeitpunkt der Einwilligungsfähigkeit ausgedrückt werden, zu einem allfälligen späteren Zeitpunkt der Einwilligungs*un*fähigkeit immer noch berücksichtigt werden.

Ideal ist natürlich, wenn die in der Patientenverfügung vorausverfügten Inhalte mit den Wünschen übereinstimmen, die zum Zeitpunkt der Einwilligungs*un*fähigkeit immer noch zum Ausdruck gebracht werden (Trachsel, Mitchell & Biller-Andorno, 2013). Leider ist dies oft nicht der Fall und die aktuell geäußerten Wünsche stehen denjenigen in der Patientenverfügung entgegen. In solchen Situationen können Interpretation und Umsetzung einer Patientenverfügung zu einer ethisch heiklen Aufgabe werden (siehe z. B. Trachsel, Mitchell & Biller-Andorno, 2013). In einem solchen Fall besteht auch unter Fachpersonen keine Einigkeit darüber, welche ethischen Grundsätze am höchsten gewichtet werden sollten. Einige Autoren sind der Meinung, dass in Patientenverfügungen kritische Interessen mit Bezug zu persönlicher Würde und Wohlbefinden ausgedrückt werden und dass die vorausverfügten Wünsche auch dann respektiert werden sollten, wenn diese mit den aktuell ausgedrückten Wünschen oder mit dem Erleben von Freude oder Schmerz in Konflikt stehen. Bei dieser Haltung wird das ethische Prinzip des Respekts der Selbstbestimmung/Autonomie höher gewichtet als andere ethische Prinzipien wie beispielsweise die Vermeidung von Schmerz oder die Förderung von Wohlbefinden.

Neben ethischen Überlegungen zur Interpretation und Umsetzung von Patientenverfügungen gibt es klare rechtliche Einschränkungen. Beispielsweise kann dem Wunsch nach aktiver Sterbehilfe ab einem gewissen Schweregrad einer Erkrankung in den deutschsprachigen Ländern aufgrund des entsprechenden gesetzlichen Verbots nicht stattgegeben werden. Weitere Gründe gegen die Umsetzung einer Patientenverfügung bestehen außerdem dann, wenn die Verfügung nicht aufgrund der freien Entscheidung der Person zustande gekommen ist und wenn die Person durch Drittpersonen unter Druck gesetzt wurde.

8 Fazit

Die Themen Tod und Sterben verbinden uns alle miteinander in der großen Schicksalsgemeinschaft, die wir als Menschen sind. Kaum jemand vermag sich in seiner Auseinandersetzung hiermit einer emotionalen Betroffenheit zu entziehen. In einer Gesellschaft, die von Idealen wie Jugend, Schönheit, Kraft und Erfolg beherrscht wird, kann die Tatsache, dass wir Menschen letztlich fragile Wesen sind, in Vergessenheit geraten. Schwere Krankheiten oder plötzliche Todesfälle erinnern uns dann auf brutale Weise wieder daran, dass unsere Zeit begrenzt und unser Leben kostbar und flüchtig ist.

Wir haben in diesem Buch Gedanken zusammengetragen, die all jenen, die sich freiwillig oder gezwungenermaßen mit dem Thema Sterblichkeit auseinandersetzen, hilfreich sein können. So unausweichlich unser Tod auch ist – in uns allen liegt eine Kraft, die es uns ermöglicht, unserer Sterblichkeit zu trotzen und ihr etwas abzuringen, das unter bestimmten Bedingungen das Leben sogar bereichern kann.

In dem Moment, in dem ein geliebter Mensch stirbt, ist von dieser Bereicherung häufig nicht sofort etwas zu spüren, und es sollte auch gar nicht voreilig gesucht werden. Trauern ist wichtig, heilsam und benötigt Zeit. Gerade in dieser Zeit ist es am wichtigsten, dass wir uns einander ehrlich und authentisch zuwenden und uns so gut wie möglich gegenseitig stützen.

Mit diesem Buch möchten wir einen Beitrag dazu leisten, dass dies gelingen kann.

Anhang

Zitierte Literatur

Albom, M. (2002). *Dienstags bei Morrie. Die Lehre eines Lebens.* München: Goldmann.

Ando, M., Morita, T., Akechi, T. & Okamoto, T. (2010). Efficacy of short-term life-review interviews on the spiritual well-being of terminally ill cancer patients. *Journal of Pain and Symptom Management, 39* (6), 993–1002. http://doi.org/10.1016/j.jpainsymman.2009.11.320

Astrow, A. B., Wexler, A., Texeira, K., He, M. K. & Sulmasy, D. P. (2007). Is failure to meet spiritual needs associated with cancer patients' perceptions of quality of care and their satisfaction with care? *Journal of Clinical Oncology, 25* (36), 5753–5757. http://doi.org/10.1200/jco.2007.12.4362

Bearison, D. J. (2012). *The edge of medicine. Stories of dying children and their parents.* New York: Oxford University Press. http://doi.org/10.1093/acprof:oso/9780195389272.001.0001

Block, S. D. (2001). Perspectives on care at the close of life. Psychological considerations, growth, and transcendence at the end of life: The art of the possible. *Journal of the American Medical Association, 285* (22), 2989–2905.

Boethius, A. M. S. (2011). *Trost der Philosophie.* München: Oldenbourg Akademieverlag.

Borasio, G. D. (2011). *Über das Sterben. Was wir wissen. Was wir tun können. Wie wir uns darauf einstellen.* München: C. H. Beck.

Candy, B., Jones, L., Varagunam, M., Speck, P., Tookman, A. & King, M. (2012). Spiritual and religious interventions for well-being of adults in the terminal phase of disease. *Cochrane Database of Systematic Reviews, 5.* http://doi.org/10.1002/14651858.cd007544.pub2

Chochinov, H. M., Hack, T., Hassard, T., Kristjanson, L. J., McClement, S. & Harlos, M. (2005). Dignity therapy: A novel psychotherapeutic intervention for patients near the end of life. *Journal of Clinical Oncology, 23* (24), 5520–5525. http://doi.org/10.1200/JCO.2005.08.391

Daaleman, T. & Dobbs, D. (2010). Religiosity, spirituality, and death attitudes in chronically ill older adults. *Research on Aging, 32* (2), 224–243. http://doi.org/10.1177/0164027509351476

de Montaigne, M. (2005). *Essais.* Köln: Anaconda. (Original erschienen 1558)

Dietrich, R. (2014). Letzte gemeinsame Schritte. Umgang mit dem Sterbewunsch im Hospiz. *Zeitschrift für Gesundheitsberufe, 39* (2010), 26–28.

Ellershaw, J. E. (2013). Best care for the dying patient. Why do so many people die badly when we know how to care for them well? *British Medical Journal, 347,* 4428.

Engelke, E. (2012). *Gegen die Einsamkeit Sterbenskranker. Wie Kommunikation gelingen kann.* Freiburg i. Br.: Lambertus.

Hebert, R., Zdaniuk, B., Schulz, R. & Scheier, M. (2009). Positive and negative religious coping and well-being in women with breast cancer. *Journal of Palliative Medicine, 12* (6), 537–545. http://doi.org/10.1089/jpm.2008.0250

Jaspers, K. (1946/1973). *Allgemeine Psychopathologie. Ein Leitfaden für Studierende, Ärzte und Psychologen.* Heidelberg: Springer.

Kars, M.C., Grypdonck, M.H.F., de Korte-Verhoef, M.C., Kamps, W.A., Meijer-van den Bergh, E.M.M., Verkerk, M.A. & van Delden, J.J.M. (2011). Parental experience at the end-of-life in children with cancer: "preservation" and "letting go" in relation to loss. *Support Care Cancer, 19,* 27–35. http://doi.org/10.1007/s00520-009-0785-1

Kierkegaard, S. (1844/1991). *Werke 1–5, Der Begriff Angst* (Übersetzt und mit Glossar, Bibliographie sowie einem Essay „Zum Verständnis des Werkes" herausgegeben von L. Richter). Hamburg: Rowohlt. (Original erschienen 1844, Originaltitel: Begrebet Angest)

Kierkegaard, S. (1845/1964). *Vier erbauliche Reden 1844. Drei Reden bei gedachten Gelegenheiten 1845* (Gesammelte Werke, 13. und 14. Abteilung). Düsseldorf: Eugen Diedrichs Verlag.

Kübler-Ross, E. (1969). *On death and dying*. New York: Macmillan.

Maercker, A. & Forstmeier, S. (Hrsg.). (2013). *Der Lebensrückblick in Therapie und Beratung*. Berlin: Springer.

Müller-Busch, H.C. (2012). *Abschied braucht Zeit. Palliativmedizin und Ethik des Sterbens*. Berlin: Suhrkamp.

Nabokov, V. (1999). *Erinnerung, sprich: Wiedersehen mit einer Autobiographie.* Berlin: Rowohlt.

Neimeyer, R.A., Moser, R.P. & Wittkowsky, J. (2003). Psychologische Forschung zur Einstellung gegenüber Sterben und Tod. In J. Wittkowski (Hrsg.). *Sterben, Tod und Trauer* (S. 108–131). Stuttgart: Kohlhammer.

Noyon, A. & Heidenreich, T. (2012). *Existentielle Perspektiven in Psychotherapie und Beratung*. Weinheim: Beltz.

Oh, P.J. & Shin, S.R. (2014). Effects of dignity interventions on psychosocial and existential distress in terminally ill patients: A meta-analysis. *Journal of Korean Academy of Nursing, 44* (5), 471–483. http://doi.org/10.4040/jkan.2014.44.5.471

Pausch, R. (2008). *Last Lecture – Die Lehren meines Lebens*. Bielefeld: Bertelsmann.

Rosenberg, L. (2000). *Living in the light of death: on the art of being truly alive*. Boston, London: Shambhala.

Rosof, B.D. (2014). *The worst loss: How families heal from the death of a child*. New York: Holt.

Smith, R. (2000). A "good death". *British Medical Journal, 320,* 129–130.

Statistisches Bundesamt. (2013). *Das Informationssystem der Gesundheitsberichterstattung des Bundes*. Bonn: Statistisches Bundesamt. Zugriff am 19.04.2016. Verfügbar unter http://www.gbe-bund.de/gbe10/pkg_isgbe5.prc_isgbe?p_uid=gast&p_aid=0&p_sprache=D

Sartre, J.-P. (1938/2013). *Der Ekel*. Reinbek bei Hamburg: Rowohlt.

Steinhauser, K.E., Clipp, E.C., McNeilly, M., Christakis, N.A., McIntyre, L.M. & Tulsky, J.A. (2000). In search of a good death: observations of patients, families, and providers. *Annals of Internal Medicine, 132,* 825–832. http://doi.org/10.7326/0003-4819-132-10-200005160-00011

Sykes, N. & Thorns, A. (2003). The use of opioides and sedatives at the end of life. *Lancet Oncology, 4* (5), 312–318. http://doi.org/10.1016/S1470-2045(03)01079-9

Temel, J.S., Greer, J.A., Muzikansky, A., Gallagher, E.R., Admane, S., Jackson, V.A. et. al. (2010). Early palliative care for patients with metastatic non-small-cell lung cancer. *New England Journal of Medicine, 363* (8), 733–742. http://doi.org/10.1056/NEJMoa1000678

Thomas, S., Bausewein, C., Higgins, I. & Booth, S. (2011). Breathlessness in cancer patients – implications, management and challenges. *European Journal of Oncology Nursing, 15* (5), 459–469. http://doi.org/10.1016/j.ejon.2010.11.013

Trachsel, M., Mitchell, C. & Biller-Andorno, N. (2013). Advance directives between respect for patient autonomy and paternalism. In P. Lack, N. Biller-Andorno & S. Brauer (Eds.). *Advance directives* (International Library of Ethics, Law, and the New Medicine 54, pp. 169–179). Dordrecht: Springer Science + Business Media.

van Alphen, J.E., Donker, G.A., Marquet, R.L. (2010). Requests for euthanasia in general practice before and after implementation of the Dutch Euthanasia Act. *British Journal of General Practice, 60* (573), 263–267. http://doi.org/10.3399/bjgp10X483931

van Lommel, P. (2011). Near-death experiences: the experience of the self as real and not as an illusion. *Annals of the New York Academy of sciences, 1234* (1), 19–28. http://doi.org/10.1111/j.1749-6632.2011.06080.x

Vollmann, J. (2012). Patientenverfügungen von Menschen mit psychischen Störungen. Gültigkeit, Reichweite, Wirksamkeitsvoraussetzung und klinische Umsetzung. *Nervenarzt, 83*(1), 25–30. http://doi.org/10.1007/s00115-011-3407-3

Wink, P. & Scott, J. (2005). Does religiousness buffer against the fear of death and dying in late adulthood? Findings from a longitudinal study. *Journals of Gerontology Series B: Psychological Sciences and Social Sciences, 60* (4), 207–214. http://doi.org/10.1093/geronb/60.4.P207

Wolfelt, A. (2013). *Helping children cope with grief*. New York: Routledge.

Worden, W.J. (2010). *Beratung und Therapie in Trauerfällen. Ein Handbuch* (4., überarb. u. erw. Aufl.). Bern: Hans Huber.

World Health Organization (WHO). (2012). *The top 10 causes of death. Fact sheet*. Geneva: WHO.

World Health Organization (WHO). (2014). *WHO Definition of palliative care*. Retrieved April 19, 2016, from www.who.int/cancer/palliative/definition/en

Yalom, I. D. (2000). *Die Reise mit Paula*. München: btb.
Yalom, I. D. (2005). *Existentielle Psychotherapie* (5. korrig. Aufl.). Bergisch Gladbach: Edition Humanistische Psychologie – Verlag Andreas Kohlhage.
Yalom, I. D. (2008). *In die Sonne schauen. Wie man die Angst vor dem Tod überwindet*. München: btb.
Znoj, H. (2016). *Komplizierte Trauer* (2., überarb. Aufl., Fortschritte der Psychotherapie, Bd. 23). Göttingen: Hogrefe. http://doi.org/10.1026/02720-000

Literatur für Menschen am Lebensende

Albom, M. (2002). *Dienstags bei Morrie. Die Lehre eines Lebens*. München: Goldmann.
Borasio, G. D. (2011). *Über das Sterben. Was wir wissen. Was wir tun können. Wie wir uns darauf einstellen*. München: C. H. Beck.
Borasio, G. D. (2014). *Selbst bestimmt sterben. Was es bedeutet. Was uns daran hindert. Wie wir es erreichen können*. München: C. H. Beck.
Pausch, R. (2008). *Last Lecture – Die Lehren meines Lebens*. Bielefeld: Bertelsmann.
Rosenberg, L. (2000). *Living in the light of death. On the art of being truly alive*. Boston, MA: Shambhala.
Terzani, T. (2007). *Das Ende ist mein Anfang*. München: Goldmann.
Vetter, P. (2009). *Meine Patientenverfügung*. Stuttgart: Boorberg.
Yalom, I. D. (2008). *In die Sonne schauen. Wie man die Angst vor dem Tod überwindet*. München: btb.

Literatur für Angehörige

Albom, M. (2002). *Dienstags bei Morrie. Die Lehre eines Lebens*. München: Goldmann.
Borasio, G. D. (2011). *Über das Sterben. Was wir wissen. Was wir tun können. Wie wir uns darauf einstellen*. München: C. H. Beck.
Borasio, G. D. (2014). *Selbst bestimmt sterben. Was es bedeutet. Was uns daran hindert. Wie wir es erreichen können*. München: C. H. Beck.
Dobrick, B. (2010). V*om Lieben und Sterben: Konflikte, Nöte und Hoffnungen Angehöriger*. Freiburg: Kreuz-Verlag.
Engelke, E. (2012). *Gegen die Einsamkeit Sterbenskranker. Wie Kommunikation gelingen kann*. Freiburg im Breisgau: Lambertus.
Friesel, B., Pohl, D., Gerling, D. & Friege, H. (2005). *Ein Lebensende in Würde: Ratgeber für Sterbebegleitung und Trauerfall*. Düsseldorf: Verbraucherzentrale NRW.

Lamp, I. (2012). *Hospiz & Co: So finden Sie die beste Betreuung am Lebensende.* München: Reinhard.

Pausch, R. (2008). *Last Lecture – Die Lehren meines Lebens.* Bielefeld: Bertelsmann.

Terzani, T. (2007). *Das Ende ist mein Anfang.* München: Goldmann.

Vetter, P. (2009). *Selbstbestimmung am Lebensende: Patientenverfügung und Vorsorgevollmacht.* Stuttgart: Boorberg.

von Flüe, K. (2011). *Letzte Dinge. Fürs Lebensende vorsorgen – mit Todesfällen umgehen.* Zürich: Beobachter-Edition.

Yalom, I. D. (2000). *Die Reise mit Paula.* München: btb.